écoute... écoute

Dossier réalisé par :
Francis CARTON
Richard DUDA
Marie-José GREMMO
Odile RÉGENT
Charles TROMPETTE

Photographies :
Michel CEMBALO

Musique originale :
Jean-Louis CARTON

CRAPEL

Didier

Couverture : G. Seintignan

Photocomposition : Touraine Compo

« La loi du 11 mars 1957 n'autorisant, au terme des alinéas 2 et 3 de l'article 41, d'une part, que les copies ou reproductions strictement réservées à l'usage privé du copiste et non destinées à une utilisation collective » et, d'autre part, que les analyses et les courtes citations dans un but d'exemple et d'illustration, « toute représentation ou reproduction intégrale, ou partielle, faite sans le consentement de l'auteur ou de ses ayants droit ou ayants cause, est illicite » (alinéa 1er de l'article 40). — « Cette représentation ou reproduction, par quelque procédé que ce soit, constituerait donc une contrefaçon sanctionnée par les articles 425 et suivants du Code pénal. »

© Les Éditions Didier, Paris, 1986 Printed in France
ISBN 2-278-3682-3

Table des matières

Préface 4
Avant-propos 5
 1 Cette semaine à la télé 8
 2 Voyage en train 10
 3 Où suis-je? 12
 4 Les aventures de Gérard Lambert 14
 5 Allô... Allô? 16
 6 Faits divers 18
 7 Qu'est-ce qu'on mange? 20
 8 Au cinéma ce soir... 22
 9 Changement de programme 24
10 Croisière 26
11 Météo 28
12 A la fac 30
13 Pubs 32
14 Tiercé à Longchamp 34
15 Cours pour enfants 36
16 Maisons à vendre 38
17 Comment ça marche? 40
18 Itinéraires 42
19 Radio-messages 44
20 Au régime 46
21 Rendez-vous sur ma tombe 48
Transcriptions des enregistrements 50
Corrigés 72

Préface

Depuis de nombreuses années, le Centre de Recherches et d'Applications Pédagogiques en Langues (CRAPEL) de l'Université de Nancy II est engagé dans des études expérimentales dont l'objectif est d'élargir l'éventail des moyens dont doivent pouvoir disposer les apprenants et les enseignants de langue vivante.

ÉCOUTE… ÉCOUTE… se situe dans le droit fil de trois de nos orientations didactiques générales :

1. Il est plus efficace, et plus économique, d'utiliser des moyens spécifiques pour progresser dans chacune des habiletés langagières (linguistic skills) : ÉCOUTE… ÉCOUTE propose un entraînement à la compréhension orale.

2. Il est plus efficace, et plus économique, de séparer documents et techniques d'apprentissage : ÉCOUTE… ÉCOUTE propose des activités qui permettent de transformer en outils d'apprentissage les documents « bruts » retenus, activités qui peuvent être pratiquées avec d'autres documents.

3. L'apprentissage d'une langue peut aussi être l'occasion d'apprendre à apprendre les langues (pour un entretien ou un perfectionnement ultérieur ou pour l'apprentissage d'une autre langue) : ÉCOUTE… ÉCOUTE permet à son utilisateur de réfléchir sur la manière dont peuvent être définis aussi bien des objectifs (apprendre QUOI) que des techniques (apprendre COMMENT) d'apprentissage.

ÉCOUTE… ÉCOUTE constitue le premier d'une série de documents-soutien pour l'enseignement/apprentissage que le CRAPEL se propose de mettre à la disposition de tous. Toutes les critiques et suggestions que ses utilisateurs voudront bien nous faire seront les bienvenues, car elles nous permettront, avec eux, de faciliter la tâche de tous ceux qui veulent apprendre le français.

Henri Holec,
Directeur du CRAPEL.

Avant-propos

ÉCOUTE... ÉCOUTE se propose de vous aider à mieux comprendre le français tel qu'on le parle en France dans la rue, entre amis, à la télévision ou à la radio. Chacune des 21 unités d'ÉCOUTE... ÉCOUTE présente une situation dans laquelle l'écoute joue un rôle important.

Stratégies d'écoute

Dans les situations de tous les jours, on écoute de façon différente suivant ce que l'on a à comprendre et les raisons pour lesquelles on écoute. Par exemple, lorsque l'on suit un compte-rendu sportif à la radio, l'attention se porte en priorité sur les résultats des équipes que l'on préfère, et néglige les autres. En revanche, un dirigeant de club intéressé par tous les résultats aura une écoute différente : il utilisera sans doute la liste des matches du jour pour prendre des notes détaillées.

ÉCOUTE... ÉCOUTE vous demande d'adapter votre façon d'écouter à chaque activité, et d'apprendre ainsi à développer des stratégies variées, proches de celles que l'on utilise dans la langue maternelle.

Écouter pour faire

Chaque unité comporte une activité précise à accomplir en cherchant dans le document sonore l'information nécessaire. Par exemple, dans l'Unité 8, « Au cinéma ce soir... », vous choisissez le film qui vous convient en écoutant les horaires diffusés par le répondeur téléphonique du cinéma. Dans l'Unité 9, « Changement de programme », vous modifiez l'ordre du jour d'un colloque en suivant les instructions de l'organisateur enregistrées sur la cassette.

Toutes les activités peuvent être accomplies sans qu'il soit nécessaire de comprendre le document dans tous ses détails : il faut plutôt essayer de repérer les passages utiles, en négligeant le reste.

De l'authentique

Les activités proposées sont aussi réalistes que possible : prendre des notes, prendre une décision, compléter un schéma. Certaines sont davantage de l'ordre du jeu : un puzzle sonore, choisir des images, regrouper des éléments.

Les documents sonores sont soit authentiques (enregistrements radio, chanson, par exemple), soit reconstitués à partir de documents authentiques dont on a respecté les caractéristiques.

Dans le livret, chaque unité comporte, sur la page de droite, des documents écrits indépendants de l'activité proprement dite. Ils illustrent le thème culturel abordé et apportent une image actuelle de la réalité française. Ces documents peuvent servir de base à des activités de compréhension ou d'expression écrites.

Comment l'utiliser

Les unités sont indépendantes les unes des autres. On peut donc les aborder dans l'ordre que l'on veut. La progression peut dépendre des contenus culturels ou linguistiques, des objectifs communicatifs, ou des types d'activités.

Ainsi, si on se fixe pour objectif de se préparer :
- à faire du tourisme en France, on peut utiliser par exemple, les Unités 2, 10, 18 ;
- à vivre en France, les Unités 7, 8, 12 ;
- à améliorer sa compréhension de la radio, les Unités 6, 11, 13, 14 ;
- à utiliser le téléphone, les Unités 2, 5, 8 ;
- à participer à des interactions à plusieurs interlocuteurs, les Unités 16, 18, 21 ;
- etc.

Plusieurs niveaux de difficultés possibles

Chaque activité peut être réalisée de différentes façons :
- On peut préparer l'écoute :
  • en faisant une recherche de vocabulaire sur le thème abordé (pour « Météo » par exemple) ;
  • en faisant des prévisions sur le contenu *linguistique* (par exemple pour « Voyage en train », l'expression de l'heure), *communicatif* (pour « Comment ça marche ? », comment on donne des instructions), ou *culturel* (pour « Tiercé à Longchamp » par exemple).

Il peut être utile dans cette phase de préparation d'analyser en détail les documents écrits qui servent de support à l'activité. Par exemple, pour l'Unité « Où suis-je ? », on peut repérer à l'avance les détails spécifiques de chaque photographie.

- On peut écouter le document sonore une ou plusieurs fois, en totalité ou de façon fragmentée, en prenant des notes ou non.
- On peut exécuter l'activité en plusieurs fois sans chercher à réaliser les tâches dans l'ordre où elles se présentent sur les documents, écrits ou oraux. Par exemple, dans l'Unité « Changement de programme », on peut apporter les corrections dans le désordre au fur et à mesure qu'on les comprend.
- Si on travaille en groupe, on peut confronter les différentes interprétations des participants.

Le texte des enregistrements est fourni à la fin du livret pour aider à résoudre les difficultés qui subsistent.

Un outil pour tous

Ces approches multiples permettent ainsi de faire varier la difficulté des activités proposées. C'est pourquoi ÉCOUTE... ÉCOUTE peut être utilisé avec profit par tous les étudiants quel que soit leur niveau, y compris les débutants.

Un ensemble de documents à exploiter

ÉCOUTE... ÉCOUTE, c'est aussi un ensemble de documents que l'étudiant ou le professeur peut utiliser à sa manière, sans se sentir limité par l'activité proposée. Chaque document sonore fourni se prête à d'autres exercices de compréhension orale. On peut par exemple :
— prendre des notes détaillées sur ce qui est dit;
— vouloir comprendre le document dans ses moindres détails en essayant de le transcrire totalement, la transcription fournie servant de corrigé;
— faire une transcription de certains passages en favorisant un aspect précis du document (par exemple ne transcrire qu'un seul des interlocuteurs, transcrire les passages jugés les plus difficiles, etc.);
— confectionner, à partir de la transcription fournie, un exercice « à trous », en cachant certains éléments, choisis au hasard ou selon des critères plus précis (vocabulaire, formes verbales, éléments propres à la langue orale ou dont la forme diffère de la forme écrite, etc.);
— répondre à des questions préparées à l'avance par le professeur ou un autre étudiant (ces réponses pourront être données dans la langue maternelle de l'étudiant, surtout si celui-ci est débutant).

Ces exercices peuvent être pratiqués après la réalisation de la tâche.

Nous avons voulu faire d'ÉCOUTE... ÉCOUTE un outil :
— polyvalent;
— utilisable en salle de classe ou individuellement;
— adaptable à des étudiants de niveaux divers;
— qui permette de s'entraîner à comprendre un français actuel et naturel.

1
CETTE SEMAINE À LA TÉLÉ

Parmi les neuf émissions ci-dessous, trouvez celles qui correspondent à la semaine du 21 au 27 novembre. Mettez la lettre correspondant à l'émission dans la bonne case et indiquez l'heure à laquelle l'émission passe.

A — **Croque la vie** film (1981) de Jean-Charles Tacchella, avec **Carole Laure.** Mieux vaut soixante-huitard que jamais ; hélas, parfois, les lendemains de grand soir chantent bien triste...

B — **John Fitzgerald Kennedy...** le 22 novembre 1963, à Dallas... J.R. n'y était encore pour rien mais il s'est bien rattrapé depuis. N'empêche : vingt ans, déjà.

C — **Le grand échiquier** autour de **Placido Domingo.** Chancel rit de le voir si beau en son miroir !

D — **Thérèse Humbert,** feuilleton en quatre parties de M. Bluwal, avec **Simone Signoret :** un vrai régal, un vrai !

E — **Grand public :** « Les Auvergnats, le pouvoir et l'argent. » En direct du journal « La Montagne », la réponse à cette troublante devinette : quel rapport y a-t-il entre la brasserie Lipp, Valéry Giscard d'Estaing, Jacques Delors, Les Deux Magots, le Flore et Pompidou ?

F — **L'extravagant Mr. Deeds,** film (1936) de Frank Capra, avec **Gary Cooper.** Quand l'Empire State accouchait d'une grande dépression... Ou la fulgurante intrusion de la critique sociale dans la comédie sentimentale.

G — **Les enfants du rock**

H — **Repères sur** *Modern dance*

I — **Enquête publique :** « La place de l'homme dans l'univers », vaste question, n'est-il pas ? Mais il en faut plus pour intimider **Laurent Broomhead,** très au parfum de ces galipettes intersidérales.

	lundi 21 nov.	mardi 22 nov.	mercredi 23 nov.	jeudi 24 nov.	vendredi 25 nov.	samedi 26 nov.	dimanche 27 nov.
heure							
émission							

1 STATION DE RÉCEPTION
Pour quelques dizaines à quelques centaines d'utilisateurs

TV TÉLÉPHONE

DIFFUSION PAR CÂBLE JUSQU'AUX RÉCEPTEURS

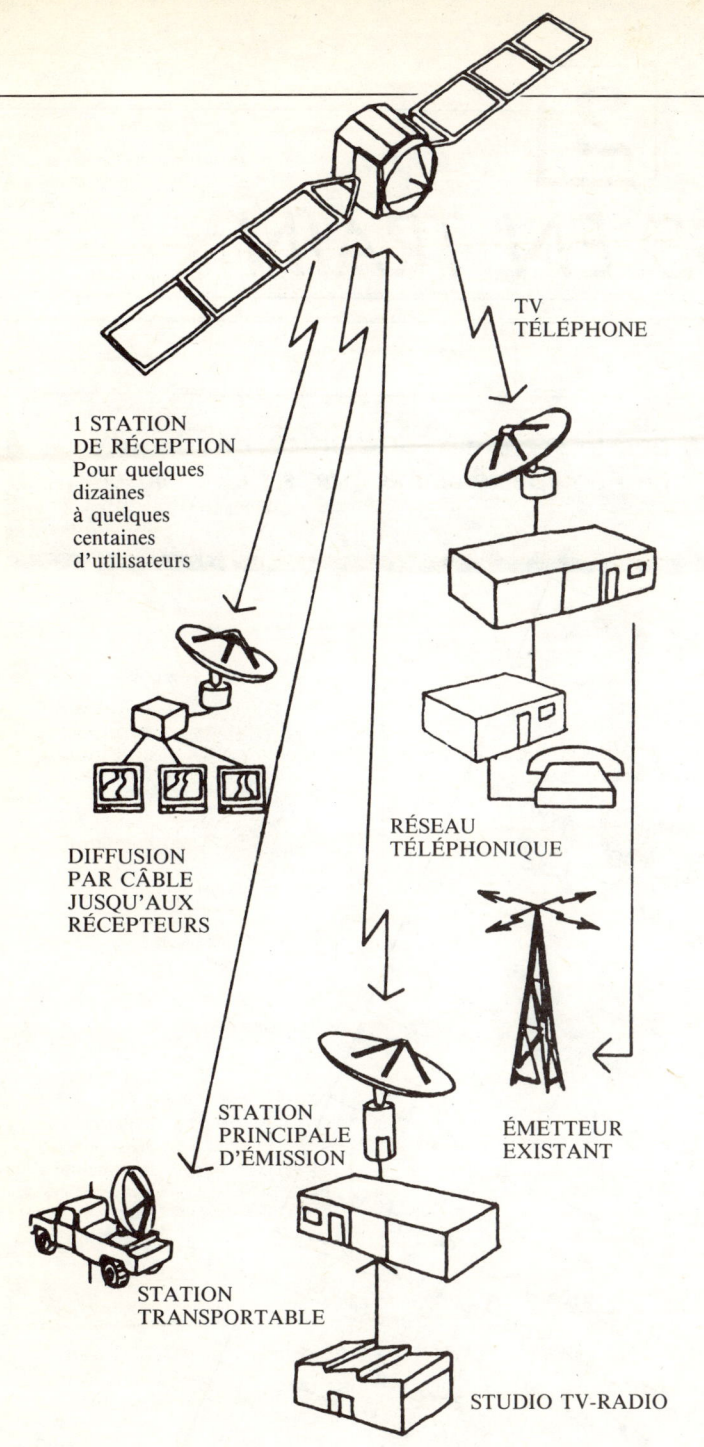

RÉSEAU TÉLÉPHONIQUE

STATION PRINCIPALE D'ÉMISSION

ÉMETTEUR EXISTANT

STATION TRANSPORTABLE

STUDIO TV-RADIO

Trois chaînes TV pirates émettent à Paris

Trois chaînes de télévision « pirates », « Antène 1 », « Time » et « Canal 24 » ont annoncé qu'elles allaient émettre simultanément ce soir sur Paris. La plus connue, « Antène 1 » joue à cache-cache avec les pouvoirs publics depuis près d'un an; « Time » (Télévision « Ici et Maintenant » expérimentale) est l'émanation d'une radio libre parisienne. « Canal 24 » rassemble autour de Claude Genest une quarantaine de gens du spectacle et de journalistes. Sa première émission devrait être suivie d'une dizaine d'autres tous les vendredis. Leur slogan : libérer les ondes hertziennes pour la télévision comme on a libéré la modulation de fréquence pour les radios.

Les applications multiples des communications par satellite : télévision, téléphone et tous les services nouveaux mariant l'une et l'autre. (ER).

CANAL PLUS, C'EST LE JOUR ET LA NUIT.

Novembre : naissance de la Télévision non-stop en France, jour et nuit, 7 jours sur 7.

Canal plus non-stop.
Dès son ouverture, **Canal Plus** émettra de 7 h du matin à 3 h le lendemain matin et sans interruption du vendredi au lundi. Un événement considérable et une nouvelle manière pour vous de vivre votre télévision.

Plus de films.
5 films par jour en moyenne. Des films de tous les genres.

Plus récents, plus souvent.
Des films que vous pourrez voir sur **Canal Plus**, moins d'un an après leur sortie en salle. Des films que vous serez sûr de ne pas manquer grâce à un système de rediffusion à des jours et heures différents. Pourquoi pas un western à 9 h 30, un film de science-fiction à 14 h, un film d'aventures à 21 h. Avec **Canal Plus** c'est vous qui décidez.

Du spectacle non-stop.
Grandes premières de spectacles, variétés, concerts, théâtre, sport, divertissements, nouvelles images, vidéo-clips vous feront entrer dans l'ère de la télévision nouvelle.

2 VOYAGE EN TRAIN

Complétez le message suivant, que la secrétaire du club de l'AS Nancy Volley-ball laisse à l'entraîneur de l'équipe féminine, après s'être renseignée à la gare.

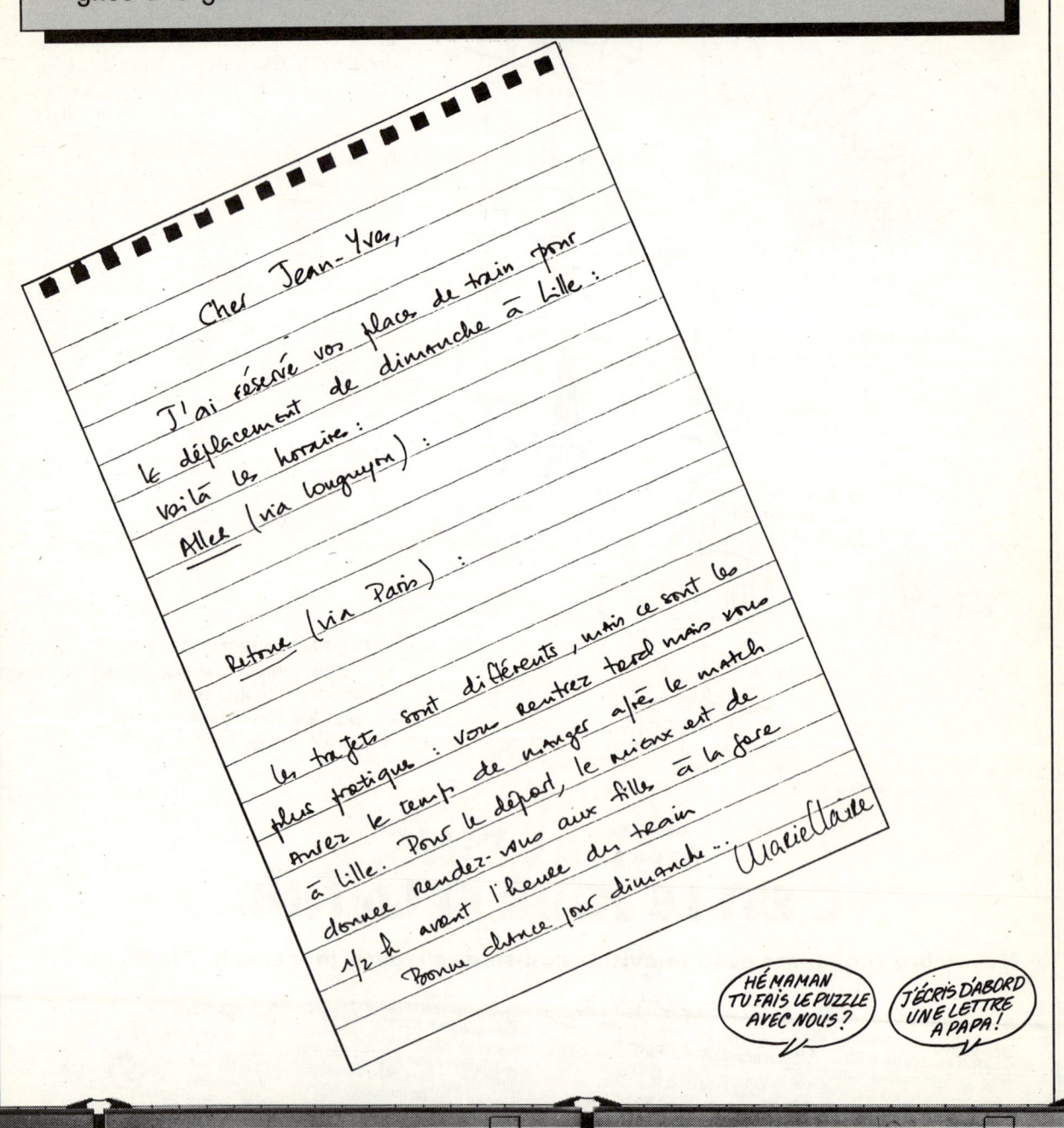

Cher Jean-Yves,

J'ai réservé vos places de train pour le déplacement de dimanche à Lille ; voilà les horaires :

Aller (via Longuyon) :

Retour (via Paris) :

Les trajets sont différents, mais ce sont les plus pratiques : vous rentrez tard mais vous aurez le temps de manger après le match à Lille. Pour le départ, le mieux est de donner rendez-vous aux filles à la gare 1/2 h avant l'heure du train.
Bonne chance pour dimanche… Marie-Claire

— Hé maman tu fais le puzzle avec nous ?
— J'écris d'abord une lettre à papa !

Comment bien voyager

1. VOUS AVEZ DÉCIDÉ DE PRENDRE LE TRAIN. VOUS CHOISISSEZ VOTRE HORAIRE EN PÉRIODE BLEUE OU BLANCHE, VOUS VOYAGEREZ PLUS CONFORTABLEMENT...

2. ...ET VOUS DISPOSEREZ DE TARIFS RÉDUITS PLUS NOMBREUX.

3. VOUS ACHETEZ VOTRE BILLET. N'OUBLIEZ PAS DE PRENDRE UNE RÉSERVATION. VOUS SEREZ AINSI SÛR D'ÊTRE ASSIS.

4. LE JOUR DE VOTRE DÉPART, ARRIVEZ QUELQUES MINUTES EN AVANCE POUR PRENDRE TRANQUILLEMENT VOTRE TRAIN.

5. DANS LA GARE, DIRIGEZ-VOUS VERS LE TABLEAU GÉNÉRAL DES TRAINS AU DÉPART POUR REPÉRER LE NUMÉRO DE VOTRE QUAI.

6. N'OUBLIEZ PAS DE COMPOSTER VOTRE BILLET AVANT D'ACCÉDER AU QUAI. C'EST CE QUI REND VOTRE BILLET VALABLE.

7. REPÉREZ LE NUMÉRO DE VOTRE VOITURE (INDIQUÉ SUR LA RÉSERVATION) SUR LE TABLEAU DE COMPOSITION DES TRAINS OU À L'EXTÉRIEUR DE LA VOITURE.

8. VOTRE PLACE EST INDIQUÉE À L'INTÉRIEUR DES COMPARTIMENTS SUR LES VOLANTS MARQUE-PLACE. LE VOYAGE COMMENCE.

Les records de la SNCF

- La SNCF transporte chaque jour 1 900 000 voyageurs, c'est-à-dire les villes de Nice, Grenoble, Bordeaux et Nantes réunies.

- Chaque jour, les trains de voyageurs parcourent 792 000 km, soit près de 20 fois le tour du monde !

- Chaque année, le Sernam (le Service National des Messageries) transporte plus de 80 millions de colis !

- Mais la SNCF transporte aussi, chaque jour, environ 600 000 tonnes de marchandises diverses, c'est-à-dire 90 Tour Eiffel (6 900 t).

- La SNCF, c'est aussi 34 596 km de voies ferrées. Si l'on pouvait les mettre les unes derrière les autres, on pourrait presque faire le tour du monde.

- Un million de personnes dorment chaque année dans les voitures-lits, soit toute la ville de Lille et son agglomération.

- La SNCF détient le record du monde de vitesse en train avec le TGV (Train à Grande Vitesse) : 515 km/heure, le 18 mai 1991.
  En 1981, elle détenait déjà ce record avec 380 km/heure.

TU N'AURAS PAS LE TEMPS DE LA FINIR LE TRAIN VA TROP VITE !

WHZZZ... QUI EST CE QUI SERA CET APRÈS-MIDI SUR LES SKIS ?

C'EST NOUS !!!

3
OÙ SUIS-JE?

Choisissez, parmi les photos ci-dessous, celle qui correspond à l'endroit décrit par l'animateur radio.

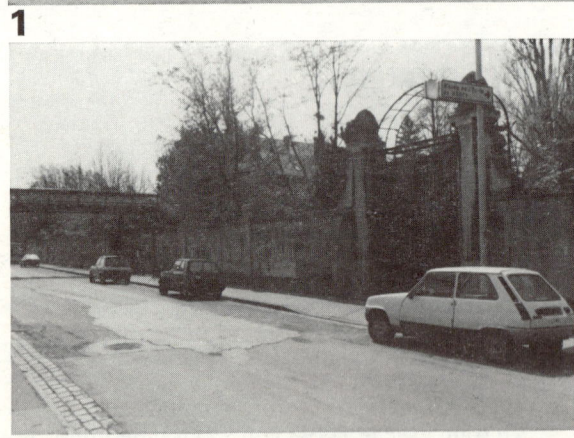

1

2

3

4

5

6

Bruits de la ville

DITES-LE AVEC DES FLEURS

NANCY

Parfum de fleurs sur Nancy ! Après la campagne « *Ville propre* » et « *Ville claire* » (ravalement) la municipalité lance, durant les mois de mai et de juin, l'opération « *Nancy, ville fleurie* ». Affiches, concours scolaires, plaquettes de conseils pratiques, rien n'est oublié pour inciter les Nancéens à embellir leur ville. Laurent Dutrel, directeur du service municipal des espaces verts, a même ouvert un service spécial « *SVP point vert* », au 83.30.42.11. Au bout de la ligne, une réponse personnalisée à toutes les questions concernant les plantes et la manière de les soigner. Toujours dans une optique incitative, deux concours de « *balcons fleuris* » se dérouleront dans la cité lorraine. L'un concerne toute la ville en liaison avec les commissions de quartier. L'autre est organisé par l'office public d'HLM, qui a distribué des graines à ses locataires. Le passage des jurys est échelonné jusqu'au mois de septembre. Le service des parcs et jardins de la ville qui entretient déjà plus de 170 hectares consacre pour 1985 près de 2,83 millions de francs pour les plantations et aménagements divers !

HANDICAPÉS, LA VILLE POUR TOUS

LORIENT

Depuis 1975, la municipalité de Lorient mène une politique intensive en faveur des personnes à mobilité réduite : cheminements urbains (actuellement, il existe ainsi 8 kilomètres de rues balisées), travaux d'accessibilité aux bâtiments publics (hôtel de ville, palais des congrès, sécurité sociale, etc.), abaissement des trottoirs, etc. Le SIVOM (Syndicat Intercommunal) du Pays de Lorient a également mis en place un service spécifique de transports en minibus aménagés. Tous les parkings du centre ville possèdent des aires de stationnement réservées aux handicapés qui conduisent leur véhicule. Les dix gymnases de la ville sont accessibles, aussi bien pour les spectateurs que pour les sportifs. Enfin, avec 800 logements adaptés, l'offre dépasse la demande locale en la matière. Cité marine, Lorient a même inauguré, en mars dernier, le catamaran pour handicapés de la Fondation Delta 7.

L'AUTRE MUSÉE D'ART MODERNE

SAINT-ÉTIENNE

Grâce au travail audacieux de son musée, qui possède maintenant la deuxième collection de France, Saint-Étienne est devenu un des hauts lieux de l'art moderne. D'où – tout comme en témoignent les expositions à la maison de la culture et de la communication, et à l'école régionale des Beaux-Arts – une intense activité artistique. Un phénomène encore renforcé : début 87, est ouvert à Saint-Étienne un grand musée d'art moderne, qui sera – le ministre s'y est engagé – le second de France après Beaubourg.

LA MER FAIT PARLER D'ELLE

BOULOGNE-SUR-MER

C'est à Boulogne-sur-Mer que le Centre de la mer a ouvert ses portes, en 1989. Il est installé dans le casino de la ville, réaménagé pour la circonstance par l'architecte Jacques Rougerie. Destiné à la fois au grand public et aux professionnels, ce centre comprend : des salles d'exposition, une salle de projection, une médiathèque, des aquariums de grande taille, de un à trente mètres cubes, avec les poissons les plus divers, et même, un bassin de soixante mètres cubes pour les requins. Coût de l'opération : 70 millions de francs.

4
LES AVENTURES DE GÉRARD LAMBERT

Rétablissez l'ordre initial de la chanson en vous aidant des dessins.

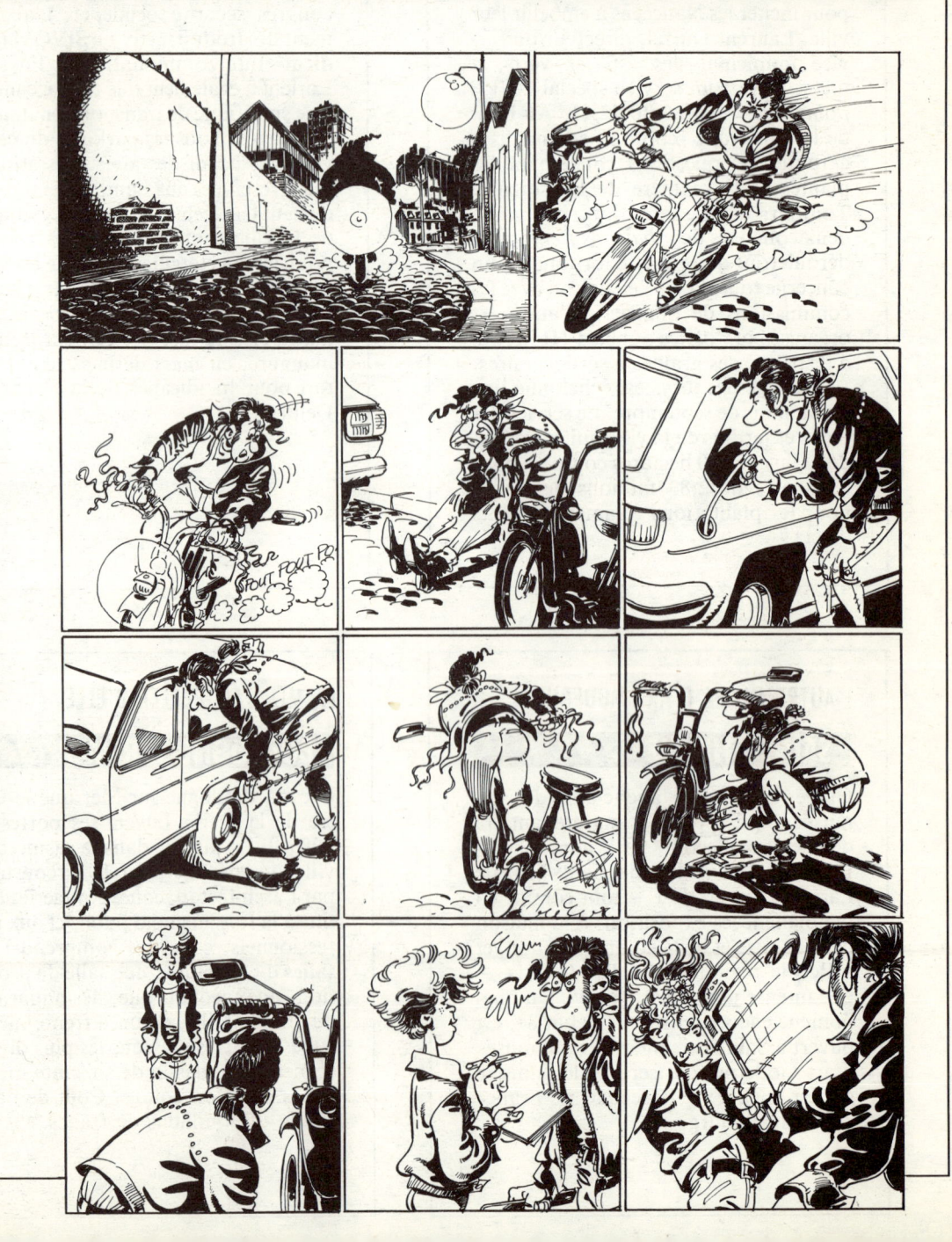

15

5
ALLÔ... ALLÔ?

Indiquez, pour chaque annonce diffusée par le Service des Télécommunications, la réaction que vous devez avoir, en notant le numéro de l'annonce en face de la réaction choisie.

attendre ▶	
raccrocher et appeler plus tard ▶	
recomposer le numéro ▶	
vérifier le numéro ▶	
abandonner ▶	
demander l'opératrice ▶	
raccrocher ▶	

16

L'appel ou réveil automatique

Ce service vous permet de vous faire appeler à une heure convenue d'avance (réveil, rappel de rendez-vous). En cas d'occupation de votre ligne ou de non-réponse, l'appel est renouvelé une seconde fois, 5 minutes plus tard. Les demandes ne peuvent être prises en compte au-delà d'un délai de 24 heures ; mais pendant cette période vous pouvez vous faire appeler autant de fois que vous le désirez.

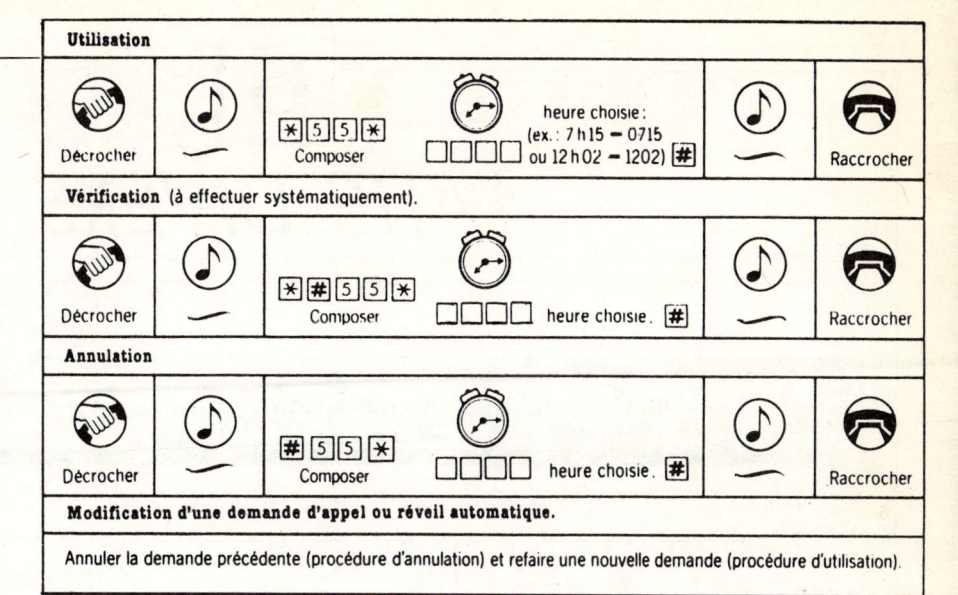

Utilisation

Décrocher — Composer [*][5][5][*] — heure choisie : (ex. : 7 h 15 – 0715 ou 12 h 02 – 1202) [#] — Raccrocher

Vérification (à effectuer systématiquement).

Décrocher — Composer [*][#][5][5][*] — heure choisie [#] — Raccrocher

Annulation

Décrocher — Composer [#][5][5][*] — heure choisie [#] — Raccrocher

Modification d'une demande d'appel ou réveil automatique.

Annuler la demande précédente (procédure d'annulation) et refaire une nouvelle demande (procédure d'utilisation).

Taxation :
Chaque demande donne lieu à la taxation en vigueur (elle figure dans les pages bleues de l'annuaire), les autres manœuvres (vérification et annulation) sont gratuites.

Remarques importantes :
- Le service est incompatible avec le renvoi temporaire (en effet, si vous avez demandé un réveil automatique et si vous actionnez ultérieurement un renvoi temporaire, l'appel du réveil aboutira sur la première installation et ne sera pas retransmis).
- Le service du réveil est prévu pour des besoins occasionnels par tranche de 24 heures, il ne peut être obtenu sous forme d'abonnement.
- La vérification doit être systématique, si vous obtenez une tonalité d'occupation ~ ~ ~, vous devriez renouveler votre demande car dans ce cas votre réveil n'aurait pas lieu.

international   comment obtenir votre correspondant

automatique   Étranger (sauf Andorre et Monaco)

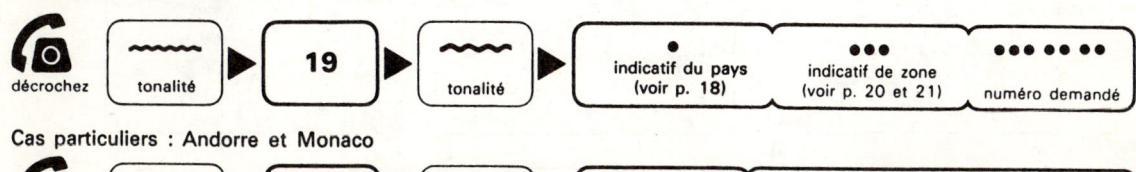

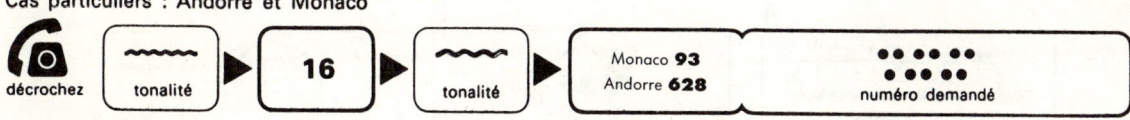

décrochez → tonalité → **19** → tonalité → indicatif du pays (voir p. 18) → indicatif de zone (voir p. 20 et 21) → numéro demandé

Cas particuliers : Andorre et Monaco

décrochez → tonalité → **16** → tonalité → Monaco **93** / Andorre **628** → numéro demandé

attention

- Si votre correspondant à l'étranger vous a indiqué son numéro d'appel précédé d'un 0, ne composez pas ce 0, exclusivement valable pour les communications entre les abonnés du pays concerné.

Exemple : pour obtenir l'abonné (0) 6121 20954 à Wiesbaden (RFA), composez 19 puis 49 6121 20954.

- Après avoir composé le numéro d'appel de votre correspondant, vous ne percevez plus aucune tonalité. Ne raccrochez surtout pas. Ce n'est qu'après un délai de quelques secondes que vous percevrez un signal de sonnerie ou d'occupation.

par l'intermédiaire d'un agent de FRANCE TELECOM

- communications à destination des pays autres que ceux obtenus par l'automatique
- communications à destination des réseaux non encore automatisés des pays atteints par voie automatique
- communications spéciales (personnelles, personnelles avec envoi de message, payables à l'arrivée, carte de crédit, etc.)

décrochez → tonalité → **19** → tonalité → **33** → indicatif du pays (voir p. 18) → vous obtenez un agent de FRANCE TELECOM à qui vous formulez votre demande

Cas particuliers communications spéciales pour Andorre et Monaco, composez le 10

17

6
FAITS DIVERS

Dites à quel extrait correspond chaque dessin ci-dessous.

1985 ou L'ANNÉE DES CENTENAIRES

JEU-TEST

RICHELIEU
1585-1642

V. HUGO
1802-1885

F. MAURIAC
1885-1970

RONSARD
1524-1585

QUESTIONS :	RICHELIEU	RONSARD	HUGO	MAURIAC
1 Il était fils de militaire.				
2 L'une de ses filles fut l'héroïne d'un film de François Truffaut.				
3 Il naquit à Bordeaux.				
4 Il naquit à Besançon.				
5 Il naquit à Paris.				
6 Il passa près de vingt ans hors de sa patrie.				
7 Il fut le chef de l'école de la Pléiade.				
8 Il créa l'Académie Française.				
9 Il fut membre de l'Académie Française (2 réponses possibles).				
10 Il siégea au Sénat.				
11 Il fut lauréat du Prix Nobel.				
12 Son vers le plus célèbre est : « Mignonne, allons voir si la rose... »				
13 Ses Mémoires sont son œuvre littéraire la plus importante.				
14 Deux de ses œuvres devinrent des opéras de Verdi.				
15 Alexandre Dumas en fit un héros romanesque.				
16 Il chanta les amours de Cassandre, Marie et Hélène.				
17 L'une de ses héroïnes eut à l'écran le visage d'Emmanuelle Riva.				
18 L'une de ses héroïnes eut à l'écran le visage de Gina Lollobrigida.				
19 L'une de ses victimes fut le héros d'un roman d'Alfred de Vigny.				
20 Il faisait tourner les tables.				
21 Il devint sourd à l'âge de vingt-huit ans.				
22 Il repose au Panthéon.				

1 Victor HUGO. Son père était général.
2 HUGO. Il s'agit d'Adèle Hugo, héroïne de l'*Histoire d'Adèle H* interprétée par Isabelle Adjani.
3 François MAURIAC.
4 HUGO.
5 RICHELIEU.
6 HUGO. Il s'exila en 1851 pour protester contre le coup d'État de Napoléon III, vécut principalement à Jersey et Guernesey et ne revint en France qu'en 1870.
7 RONSARD.
8 RICHELIEU. En 1635.
9 HUGO et MAURIAC.
10 HUGO.
11 MAURIAC.
12 RONSARD. C'est le premier vers de l'*Ode à Cassandre*.
13 RICHELIEU.
14 HUGO. *Hernani* devint *Ernani*, et *le Roi s'amuse*, *Rigoletto*.
15 RICHELIEU. Dans *les Trois Mousquetaires*.
16 RONSARD. Dans trois recueils de poèmes aux titres explicites : *les Amours de Cassandre*, *les Amours de Marie* et les *Amours d'Hélène*.
17 MAURIAC. Emmanuelle Riva jouait le rôle-titre de *Thérèse Desqueyroux* dans le film de Georges Franju.
18 HUGO. Gina Lollobrigida jouait Esmeralda dans *Notre-Dame de Paris*, film de Jean Delannoy.
19 RICHELIEU. Il s'agit du chevalier de Cinq-Mars, condamné à mort pour conspiration et décapité sur ordre du cardinal en 1642. Vigny raconte son destin tragique dans *Cinq-Mars*, roman historique de 1826.
20 HUGO. Il crut au spiritisme vers la fin de sa vie et invoqua notamment l'« esprit » d'André Chénier, mort sur l'échafaud pendant la Terreur.
21 RONSARD.
22 HUGO.

RÉSULTATS :

Vous avez obtenu de 0 à 3 points.
C'est presque impossible. Consultez donc plutôt votre médecin que votre dictionnaire ou, mieux, partez en vacances : vous avez besoin de repos.

Vous avez obtenu de 3 à 7 points.
Ce jeu aura au moins eu le mérite de vous apprendre quelque chose en vous distrayant.

Vous avez obtenu de 7 à 11 points.
Vous en savez déjà beaucoup plus que la moyenne de vos contemporain(e)s.

Vous avez obtenu de 11 à 15 points.
Une solution à la crise de l'enseignement en France : qu'on vous le confie !

Vous avez obtenu de 15 à 20 points.
Testez à leur tour vos ami(e)s... et ayez le triomphe modeste.

Vous avez obtenu plus de 20 points.
C'est votre anniversaire que chacun devrait fêter. Et avec quel éclat !

19

7
QU'EST-CE QU'ON MANGE?

Choisissez, parmi les photos ci-dessous, les produits à acheter.

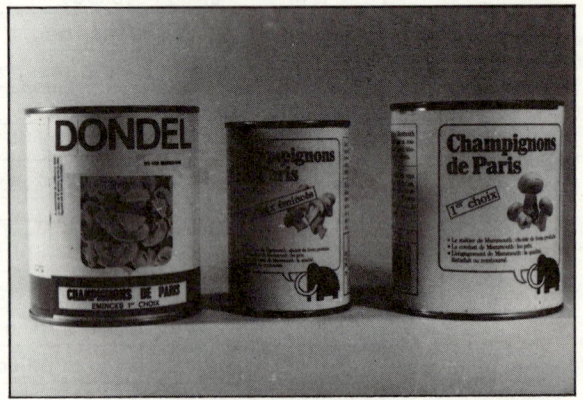

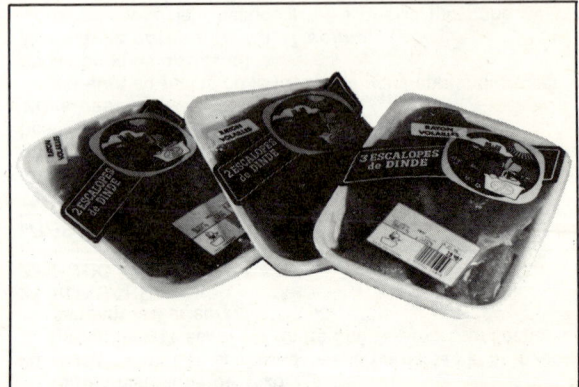

PILLAGE DE NOËL DANS UN HYPER-MARCHÉ TOULOUSAIN

GRÈVE-SURPRISE DES CAISSIÈRES... ON NE PAIE PLUS À LA SORTIE...

— AH DIS DONC, T'AURAIS VU ÇA ! LES CHARIOTS ÉTAIENT PLEINS COMME DES CHARRETTES DE FOIN !
— ON N'ALLAIT PAS SE GÊNER, HEIN ? AVEC CE QUE LES SUPER-MARCHÉS SE METTENT DANS LA POCHE...

IL N'Y EUT QUE SIX EXCEPTIONS : DES GENS QUI ONT LAISSÉ LEUR CHARIOT PLEIN QUAND ILS ONT SU QUE LES CAISSIÈRES FAISAIENT GRÈVE.

— AH, BON.
— QUOI ? Y AVAIT PAS DE CAISSIÈRE ET T'AS RIEN PIQUÉ ?
— QU'EST-CE QU'ELLE EST CON ! QU'EST-CE QU'ELLE EST CON !

DES HÉROS... FAUT AVOIR UN SACRÉ COURAGE, À NOTRE ÉPOQUE, POUR REFUSER DE VOLER DANS UN SUPER-MARCHÉ QUAND ON NE RISQUE ABSOLUMENT RIEN...

— BEN, QUOI ?
— OUAH ! HÉ, LE MEC, HÉ ! QUEL CON !
— UNE CHOSE CERTAINE : QUELLES QUE SOIENT LES CIRCONSTANCES, CELUI QUI SE DISTINGUE DE LA FOULE N'EST JAMAIS UN CON.

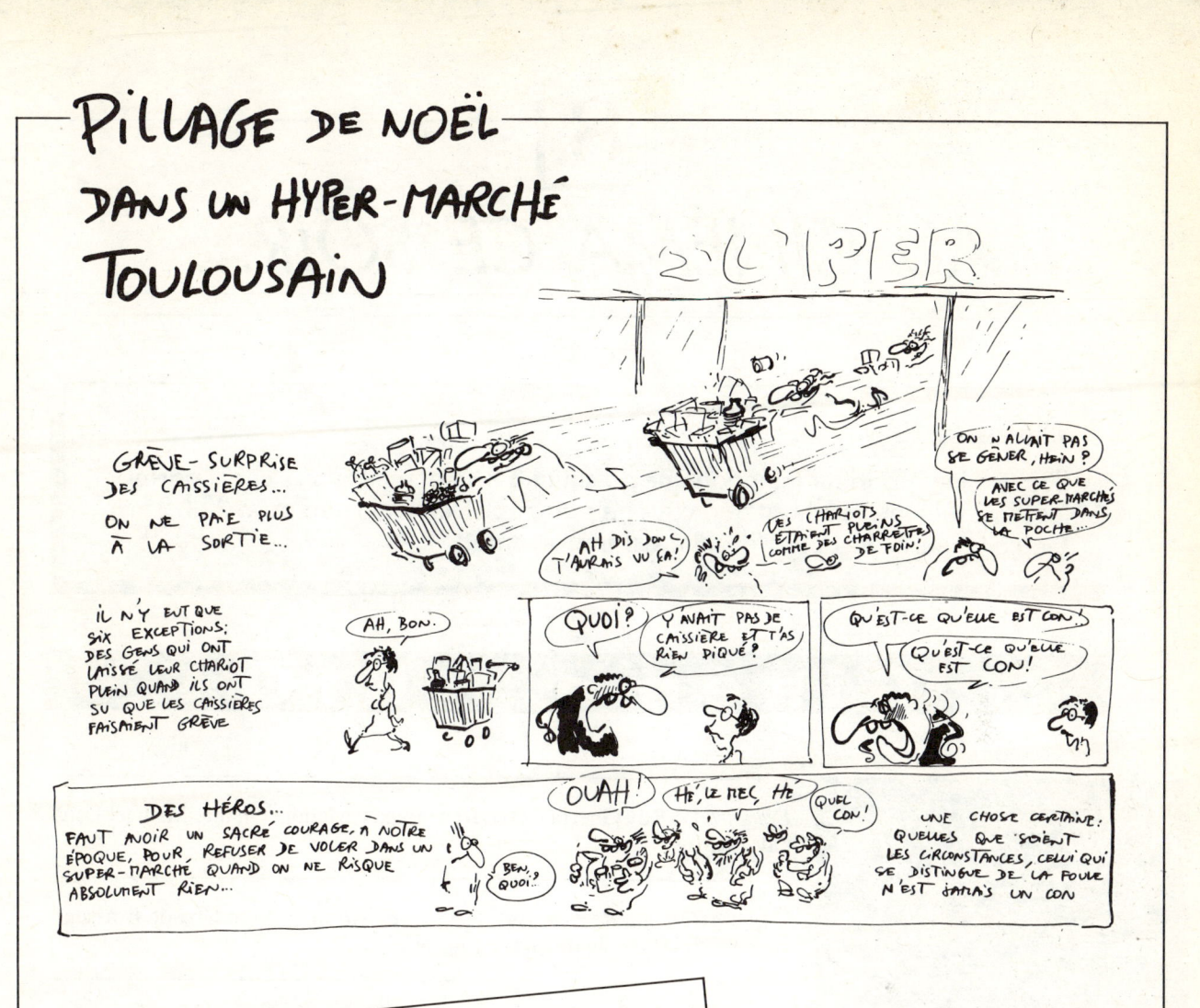

ESCALOPES A LA CRÈME
temps moyen - pas trop difficile - coûteux

POUR 4 PERSONNES
CUISSON : 30 minutes
INGRÉDIENTS : 4 escalopes
250 g de champignons
3 échalotes
1/2 verre de vin blanc sec
2 cuill. à soupe de crème fraîche
1 noix de beurre
1 petit bouquet de cerfeuil
Sel
Poivre

1 - Faites fondre 1 belle noix de beurre dans une sauteuse, et mettez-y à dorer les escalopes sur feu moyen, après les avoir salées et poivrées. Laissez-les cuire 5 à 6 minutes de chaque côté.
2 - Pendant ce temps, coupez le pied terreux des champignons, lavez-les à l'eau courante, séchez-les sur du papier absorbant. Puis détaillez-les en fines lamelles.
3 - Pelez les échalotes, et hachez-les finement.
4 - Quand les escalopes sont cuites, sortez-les de la sauteuse, et réservez-les. Jetez les champignons dans la graisse de cuisson de la viande, et laissez-les blondir. Remuez de temps en temps à la cuiller de bois.
5 - Ajoutez alors le hachis d'échalotes, laissez 1 minute sur feu doux, puis mouillez avec le vin blanc. Grattez bien le fond du récipient à la cuiller de bois pour décoller les sucs de cuisson.
6 - Portez à ébullition, incorporez la crème fraîche. Faites réduire de moitié pour obtenir une sauce onctueuse.
7 - En fin de cuisson, dressez les escalopes sur un plat de service, nappez-les de la sauce aux champignons, et ciselez sur la préparation un petit bouquet de cerfeuil.

Conseils d'achat : choisissez des escalopes taillées dans la noix de préférence, ou la sous-noix du veau. Comptez 150 g de viande par personne.

```
          MAMMOUTH
         127, Bd LOBAU
            NANCY
     Tél. 83.36.74.54  09/07/91

FARINE                      4.30
SUCRE SEMOULE               5.25
VIN                        13.95
ÉPICERIE                   12.25
VOLAILLES                  15.35
CHARCUTERIE                19.46
VOLAILLES                  13.60
CRÈMERIE                    3.95
CRÈMERIE                   10.50
FRUITS                      7.50
ÉPICERIE                   15.80
SUCRE MORCEAUX              5.65
ÉPICERIE                   30.00
SOUS-TOTAL                157.56

CRÈMERIE                    7.65
TOTAL                     165.21
```

21

8
AU CINÉMA CE SOIR...

Choisir un film

Écoutez le répondeur téléphonique du cinéma RIO et faites votre choix parmi les films suivants, sachant que vous ne pourrez être au cinéma qu'à 22 h 15. (Seule l'heure du début du film est importante.)

Cinéma RIO

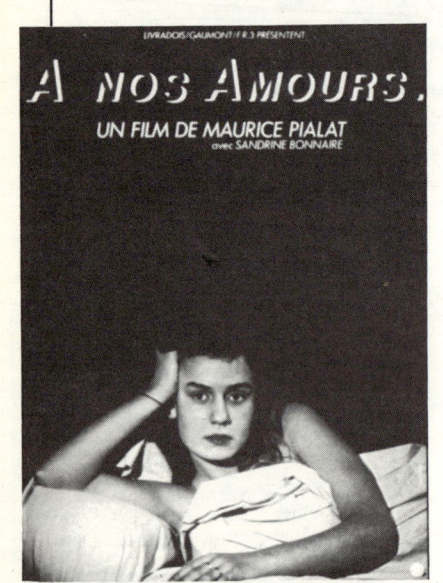

Érendira De Ruy Guerra. Avec Irène Papas, Claudia Ohana, Michaël Lonsdale, Rufus.

Signes extérieurs de richesses de Jacques Monnet. Avec Claude Brasseur, Josiane Balasko, Jean-Pierre Marielle.

Au nom de tous les miens de Robert Enrico. Avec Michaël York, Jacques Pénot, Macha Méril.

La guerre des étoiles : le retour du Jedi. Une production Lucas Film Ltd.

Blanche-Neige et les 7 nains. Une production Walt Disney.

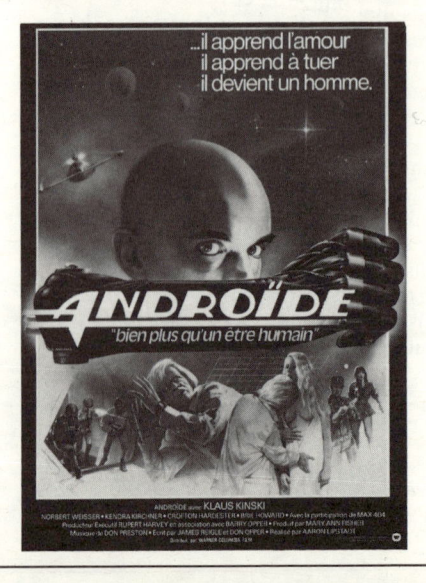

GOÛTS CULTURELS DES FRANÇAIS : DAVANTAGE DE LECTURE ET DE CINÉMA

La lecture et le cinéma restent en tête parmi les pratiques culturelles des Français, avec un net regain d'intérêt pour les variétés et le rock.

La revue *50 millions de consommateurs* publie dans son numéro de décembre un sondage exclusif IPSOS sur les loisirs culturels des Français, qui doit être comparé à ceux que le ministère de la Culture a fait réaliser en 1973 et 1981. Le sondage a été réalisé du 24 au 26 septembre sur un échantillon de 903 personnes âgées de quinze ans et plus.

Enseignement primordial de l'enquête, le cinéma et la télévision n'ont pas tué le spectacle vivant. les Français sont encore assez nombreux à aller au spectacle : 21 % aux variétés (10 points de plus depuis 1981) avec un « plus » pour la musique rock (13 %, soit + 3 points depuis 1981 et + 7 points depuis 1973). C'est également « reparti » pour le théâtre qui obtient 15 % de réponses favorables (+ 5 points depuis 1981).

L'achat de livres, malgré un léger tassement depuis 1981, continue à être, avec le cinéma, dont la fréquentation est stable, les deux seules activités de loisirs qui recueillent plus de 50 % de réponses positives.

A NOS AMOURS

A nos amours. 1983. Un film mis en scène par Maurice Pialat. Scénario : Arlette Langmann, Maurice Pialat. Directeur de la photographie : Jacques Loiseleux. Décors : Jean-Paul Camail. Montage : Yann Dedet. Son : Jean Umansky. Musique : Klaus Nomi. Production : Les Films du Livradois, Gaumont, FR3. Distribution : Gaumont. Durée : 1 h 42.

Sortie : Le 16 novembre 1983 à Paris.

Interprétation : Sandrine Bonnaire (Suzanne), Dominique Besnehard (Robert), Maurice Pialat (le père), Évelyne Ker (la mère), Pierre-Loup Rajot (Bernard), Jacques Fieschi (Jacques).

Le sujet : Pour échapper à une ambiance familiale « tendue », Suzanne se réfugie auprès de ses amis en cherchant l'amour. Ses parents se séparent et ses amis se succèdent dans la vie...

Les notes de Première : « A nos amours » a connu une genèse difficile. Il s'agit d'un ancien projet intitulé « Les filles du faubourg » (74) dont une partie a inspiré « Passe ton bac d'abord ! » et une autre a finalement été tournée sous le nom de « Suzanne ». C'est le premier scénario, avant « Loulou » (79), qu'a écrit Arlette Langmann avec Maurice Pialat. Collaboratrice du réalisateur depuis 1968, elle a été chef-monteuse de six de ses films ainsi que de « l'élève Minkowski » de Pascal Thomas (71) et de « Je vous aime » de Claude Berri (80) ; elle a également été scripte sur « Un moment d'égarement » de Claude Berri (77) et a mis en scène plusieurs films en vidéo.

Le réalisateur : Maurice Pialat est né en 1925. Élève de l'École des Arts Décoratifs et des Beaux-Arts, il a été peintre avant de s'intéresser au cinéma. C'est un court métrage, « L'Amour existe » (60), qui le fait connaître. Pour la télévision, il réalise « Janine » (61), « Maître Galip » (62), des reportages et un feuilleton, « La maison des bois » (70). « A nos amours » est son sixième long métrage, après « L'enfance nue » (67), « Nous ne vieillirons pas ensemble » (72), « La gueule ouverte » (74), « Passe ton bac d'abord ! » (79) et « Loulou » (80).

Les comédiens : c'est en passant un essai vidéo pour faire de la figuration que Sandrine Bonnaire, âgée de 17 ans, a été choisie par Pialat pour jouer le rôle principal de « A nos amours ». Selon Pialat : « C'est quelqu'un d'exceptionnel (...), une actrice époustouflante. »

Ce n'est pas la première fois que Maurice Pialat est acteur. Il avait déjà joué chez Claude Chabrol et Jean Eustache. Mais c'est la première fois qu'il joue un rôle aussi important.

Dominique Besnehard est, avec Margot Capelier, le principal casting-director français ; c'est-à-dire qu'il propose aux metteurs en scène des acteurs.

LE MARGINAL

Le marginal. 1983. Un film mis en scène par Jacques Deray. Scénario : Jean Herman, Jacques Deray. Directeur de la photographie : Xavier Schwarzenberger. Décors : Éric Moulard. Montage : Albert Jurgenson. Son : Alain Sempé. Musique : Ennio Morricone. Production : Cérito, Films Ariane. Distribution : Cérito, René Chateau. Durée : 1 h 40.

Sortie : Le 26 octobre 1983 à Paris.

Interprétation : Jean-Paul Belmondo (Jordan), Henry Silva (Sauveur Mecacci), Carlos Sottomayor (Livia Maria Dolorès Monteblanco), Tchéky Karyo (Francis Pierron).

Le sujet : Envoyé à Marseille pour démanteler un important trafic de drogue, le commissaire Jordan a recours à des moyens qui le font surnommer « le marginal ». Il est muté à un poste administratif à Paris, mais se retrouve rapidement face à Sauveur, l'un des caïds du milieu...

Les notes de Première : Après le triomphe de « L'as des as » de Gérard Oury, Jean-Paul Belmondo a choisi de revenir au genre policier. Il retrouve ici Jacques Deray qui l'avait déjà dirigé dans « Par un beau matin d'été » (64) et « Borsalino » (69). Écrivain sous le nom de Jean Vautrin, Jean Herman a écrit de nombreux scénarios et réalisé six films dont « Adieu l'ami » (67), « Jeff » (68) et « L'œuf » (71).

Le réalisateur : Jacques Deray est né en 1929. Il a été acteur puis assistant de Georges Rouquier, Jules Dassin et Luis Buñuel. Considéré comme un spécialiste du « polar », il a signé dix-huit films dont sept avec Alain Delon. Parmi ses œuvres : « Rififi à Tokyo » (61), « Symphonie pour un massacre » (63), « Les pillards » (65), « La piscine » (68), « Un homme est mort » (72), « Flic story » (75), « Un papillon sur l'épaule » (77)...

Les comédiens : Champion du box-office français, Jean-Paul Belmondo est né en 1933. Il a été boxeur amateur puis acteur de théâtre. Ses débuts au cinéma sont liés aux débuts de la Nouvelle Vague, et notamment à ceux de Jean-Luc Godard avec qui il a tourné « A bout de souffle » (59), « Une femme est une femme » (61) et « Pierrot le fou » (65). Son nom a aussi été associé avec ceux de réalisateurs comme Melville, Lelouch, de Broca, Verneuil, Chabrol, Labro, Lautner...

Né en 1928 à Brooklyn, Henry Silva a fréquenté le Group Theater et l'Actor's Studio avant de jouer les méchants dans de nombreux films américains et italiens. On a pu le voir dans « Viva Zapata » d'Elia Kazan (52), « Cendrillon aux grands pieds » de Frank Tashlin (60) et « Les hommes » de Daniel Vigne (72).

9 CHANGEMENT DE PROGRAMME

Apportez au programme de colloque ci-dessous les modifications signalées par l'organisateur à la séance d'ouverture.

Groupe de Recherches sur l'Apprentissage des Langues Vivantes

DEUXIÈME COLLOQUE NATIONAL

APPRENTISSAGE D'UNE LANGUE ÉTRANGÈRE : PERSPECTIVES DE RECHERCHES

PROGRAMME

Note : le nom des rapporteurs est indiqué entre parenthèses.

VENDREDI 10 MAI   9 heures : accueil Amphi B

	ATELIER 1 Salle F.275	**ATELIER 2** Salle F.288	**ATELIER 3** Salle H.301
10 heures	C. COUDERT (M. DELEULE)	G. GUILLAUMET (D. DARDAINE)	C. CUSSAC
14 h 30	F. CARRÉ (J. PANIGHINI)	M. DERELLE (R. GIORGI)	J.-L. MOREL (C. BLAIN)
18 h 30	« Pot »		

SAMEDI 11 MAI

	ATELIER 1 Salle F.275	**ATELIER 2** Salle F.228	**ATELIER 3** Salle H.301
10 heures	D. MOINY	J.-M. BRUN-BELLUT (P. LACOMBE)	M. COLLIN A. VADEL (P. SAUNIER)
14 h 30	A. THIERRY (B. COLLET)	A. POPLIN (P. MOUGENOT)	B. HOUZELSTEIN B. LAPORTE (M. PETIT)

DIMANCHE 12 MAI   Amphi B

10 heures   SYNTHÈSE DES TRAVAUX
Président de Séance : R. FARELLO

Petit lexique
Pour bien comprendre les rôles et les fonctions

Congressiste

1. Toute personne inscrite au congrès.
2. Personne qui participe à une activité du congrès sans y jouer un autre rôle que celui d'assistant-participant.

Animateur

Personne qui anime un groupe restreint (de 10 à 30/50 personnes) sans assumer la responsabilité du contenu.

Son *rôle* consiste à présenter le ou les intervenants, répartir le temps disponible, donner la parole et prendre les décisions nécessaires à l'animation de la discussion et au bon déroulement des échanges.

Président de séance

Personne qui anime un groupe nombreux (de 30/50 à XXX personnes) sans assumer la responsabilité du contenu.

Son *rôle* consiste à présenter le ou les intervenants, répartir le temps disponible et les tours de parole en suivant l'ordre du jour (s'il y a lieu) et prendre les décisions nécessaires au bon déroulement de la séance.

Intervenant

Personne-ressource responsable d'un contenu (conférence, participation à une table ronde, présentation d'un atelier, ...).

Par extension, ce terme peut aussi désigner toute personne qui prend la parole dans une activité pour défendre une position, lancer un débat, faire des propositions...

Conférencier-participant

Personne-ressource responsable d'un aspect important d'une séquence thématique.

Son *rôle* consiste à présenter une conférence devant l'ensemble des congressistes inscrits dans une séquence thématique et à prendre part comme intervenant aux activités de cette séquence, y compris aux plénières.

Proposeur

Personne qui a proposé une contribution à la thématique du congrès (conférence, table ronde, atelier, etc.).

Rapporteur

Personne désignée pour recueillir les textes des intervenants, produire une synthèse du contenu et des résultats d'une activité et participer *en équipe* à la préparation des dossiers des plénières.

NOVEMBRE

DATE	MANIFESTATION	LIEU CHOISI	COMITÉ ORGANISATEUR OU ORGANISATEUR PROFESSIONNEL DE CONGRÈS
25-29	Réunion du Centre Chrétien des Professeurs de Santé — 900 personnes	Maison de la Mutualité	C.C.P.S. 16, rue Thiphaine - 75015 PARIS
26-30	**Congrès International de l'Association Dentaire Française — 3 500 personnes**	Palais des Congrès de Paris	**Monsieur DEYROLLE** A.D.F. - 92, avenue de Wagram - 75017 PARIS
29 nov./ 01 déc.	Congrès national des vétérinaires spécialistes de petits animaux — 1 000 personnes	Maison de la Chimie	c/o Maison de la Chimie 28, rue Saint-Dominique - 75007 PARIS
29 nov./ 01 déc.	Congrès de la Fédération Sportive et Culturelle de France — 600 personnes	S.I.E.M.	Monsieur DAVESNE Fédération Sportive et Culturelle de France 5, rue Cernuschi - 75017 PARIS

10 CROISIÈRE

> Retrouvez dans quel ordre les croisières ci-dessous sont présentées et indiquez celle qui sera sans doute retenue par le client.

Programme croisière de 7 jours

Départ tous les samedis du 28 avril au 6 octobre.

	Port	Arrivée	Départ
1er jour : Sam.	Venise	–	15 h 00
2e jour : Dim.	en mer		
3e jour : Lun.	le matin : passage du canal de Corinthe		
	Le Pirée (Athènes)	15 h 00	21 h 00
4e jour : Mar.	Rhodes	14 h 00	20 h 00
5e jour : Mer.	Heraklion (Crète)	7 h 00	12 h 00
6e jour : Jeu.	Corfou	14 h 00	19 h 00
7e jour : Ven.	Dubrovnik (Raguse)	7 h 00	12 h 00
8e jour : Sam.	Venise	9 h 00	–

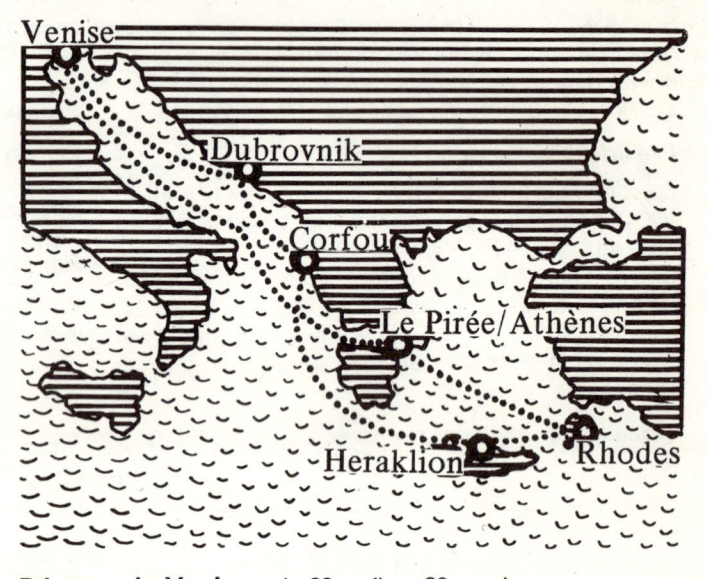

Départs de Venise : du 28 avril au 20 octobre.

Croisière de 10 jours Toulon/Toulon
Du 20 au 30 juillet.

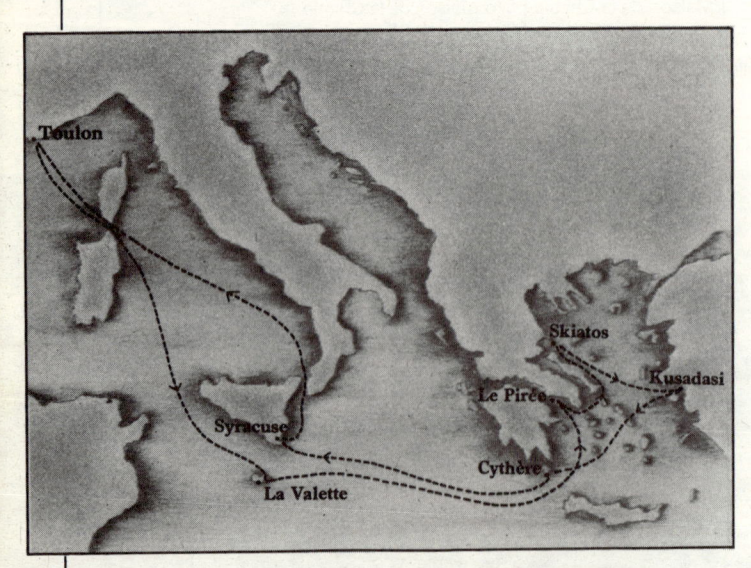

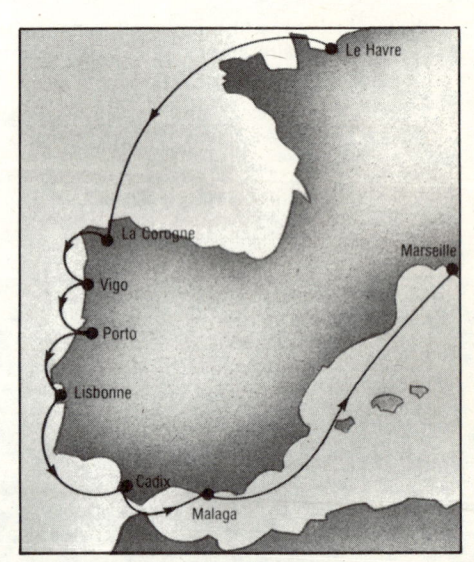

Embarquement **Le Havre**
Débarquement **Marseille**
Du lundi 23 au mardi 31 juillet.

Polynésie française

Informations pratiques

Meilleure saison
D'avril à novembre.

Formalités
Pour les ressortissants français : carte d'identité en cours de validité.

A prévoir
Vêtement léger, de préférence en coton. Sur la plage, le maillot de bain « mini » est dans le ton, de même que les robes longues et légères après 18 heures. Mais il n'y a aucun protocole. Chacun s'habille dans la tenue où il se sent à l'aise. Lainage léger pour les soirées parfois fraîches pendant l'hiver austral ou pour l'air conditionné. Pour la photo, films lents (25 ASA en diapositives) et filtres U.V. recommandés.

Produits typiques
Paréos aux couleurs vives et divers vêtements (robes, chemises, bikinis...) taillés dans ces tissus. Vannerie, bois sculpté ou gravé. Bijoux, colliers de nacre et de coquillages de toutes sortes, perles noires de culture des Tuamotu.

Hébergement
Très bonne infrastructure hôtelière, en particulier à Tahiti, comportant des établissements de différentes catégories. Aux îles Marquises et Australes, l'hébergement se fait chez l'habitant.

RANDONNÉES

Évitez la surcharge !

Question clé : que faut-il emporter dans ses bagages ? « Le moins de choses possible », répond Patrick Kaplanian « L'essentiel. Pour un trekking classique, une bonne paire de tennis suffit, deux jeans, deux tee-shirts en coton, un pull de laine, une paire de lunettes de soleil et un chapeau. Souvent, les clients oublient le truc élémentaire : la gourde. Dans la trousse à pharmacie, prévoyez du mercurochrome, de quoi soigner les dysenteries, et les angines qu'on attrape dans l'avion ou le restaurant climatisé. Pour les treks d'altitude, on recommande un anti-algique contre le mal de tête, un somnifère et un diurétique. J'ai parcouru 3 000 km à pied en Himalaya sans un seul médicament. En revanche, il peut être utile d'emporter des remèdes dont les populations locales ont besoin. Au Ladakh, le collyre est un cadeau apprécié. »

En France, pour la ballade à la journée ou de plusieurs jours, munissez-vous de bonnes chaussures de montagne si vous devez passer des pierriers ou des terrains accidentés. Alimentez-vous souvent, aussi n'oubliez pas les petites bricoles reconstituantes : fruits secs, chocolat, sucre, tablettes de vitamine C. Préférez les chemises de coton et les pulls de laine (évitez le col roulé qui devient vite inconfortable dès qu'on s'échauffe). Un anorak – pour les frileux – ou un simple poncho plastique contre la pluie. Et n'hésitez pas à demander conseil avant le départ à votre guide ou à l'organisateur du voyage.

LA FELOUQUE

La felouque : une grosse barque à voiles sur laquelle vous vous embarquerez pour quelques jours de navigation. Votre habitat : un plancher recouvert d'une couche de mousse. Toilette au bord du fleuve ou dans la nature... La nourriture, simple, sera préparée à bord par un felouquier. Enroulé dans votre sac de couchage, vous dormirez sous les étoiles... Prévoyez un sac de couchage, une gourde, un sac à dos ou un sac de voyage : vous ne regretterez pas cette escapade égyptienne.

11 MÉTÉO

La carte de France ci-dessous correspond à l'un des quatre bulletins météo enregistrés. Lequel?

Bulletin n° :

DESMARAIS FRERES

N 98
ANTIBES
P
PARC DE
LA POSTE
400 Places
ZONE PIETONNE

12

À LA FAC

> Complétez le plan en vous servant des cadres en pointillés.

Départements et salles à placer : administration; salles de travail; amicale des étudiants; amphithéâtre; salles de cours; botanique; chimie; physique; sciences de la terre; zoologie.

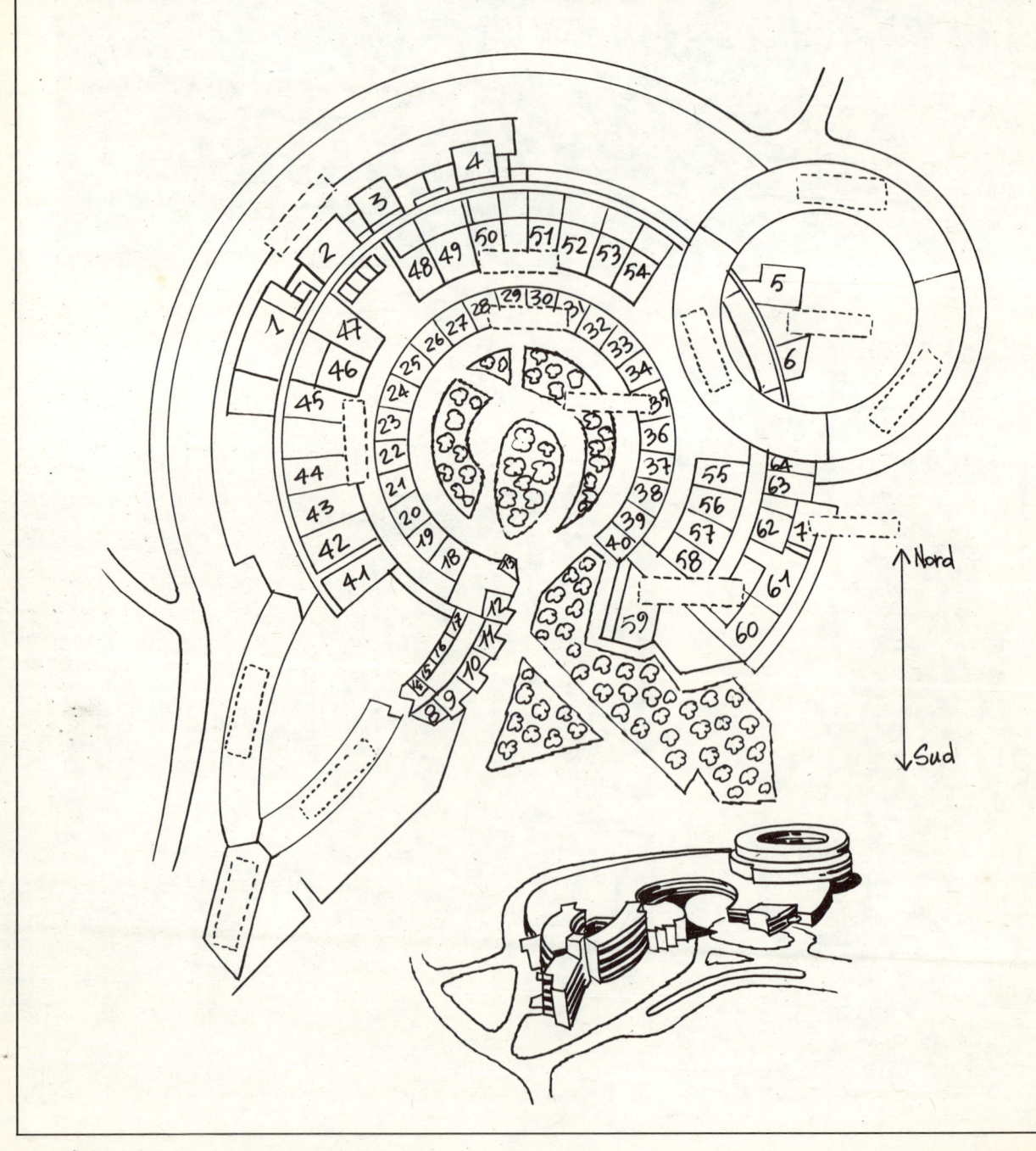

Les formations scientifiques et technologiques

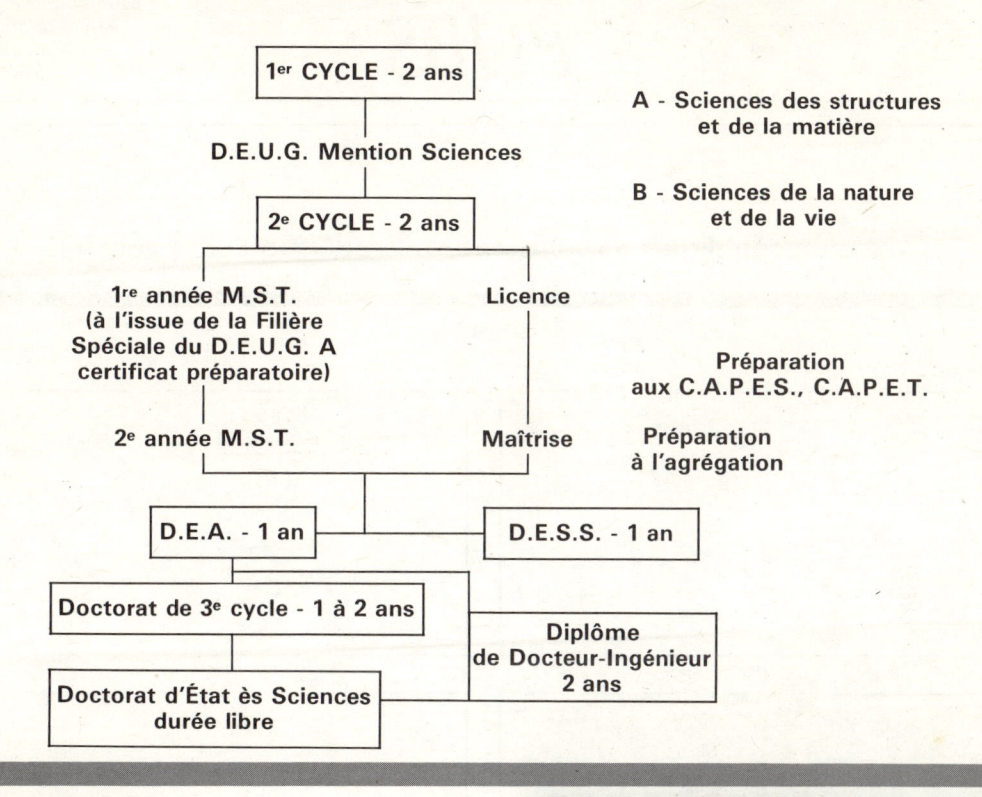

```
                    ┌─────────────────┐
                    │ 1er CYCLE - 2 ans│              A - Sciences des structures
                    └────────┬────────┘                    et de la matière
                  D.E.U.G. Mention Sciences
                             │                         B - Sciences de la nature
                    ┌────────┴────────┐                    et de la vie
                    │ 2e CYCLE - 2 ans│
                    └────────┬────────┘
              ┌──────────────┴──────────┐
       1re année M.S.T.              Licence          Préparation
    (à l'issue de la Filière                         aux C.A.P.E.S., C.A.P.E.T.
    Spéciale du D.E.U.G. A
    certificat préparatoire)
              │                       │               Préparation
       2e année M.S.T.              Maîtrise          à l'agrégation
              │                       │
       ┌──────┴───────┐      ┌────────┴────────┐
       │ D.E.A. - 1 an │      │ D.E.S.S. - 1 an │
       └──────┬───────┘      └────────┬────────┘
              │                       │
   ┌──────────┴──────────────┐   ┌────┴──────────────┐
   │ Doctorat de 3e cycle - 1 à 2 ans │   │   Diplôme         │
   └──────────┬──────────────┘   │ de Docteur-Ingénieur │
              │                   │      2 ans        │
   ┌──────────┴──────────────┐   └───────────────────┘
   │ Doctorat d'État ès Sciences │
   │      durée libre         │
   └─────────────────────────┘
```

OÙ SORTIR ?

CAFÉS - BRASSERIES

BRASSERIE DU LUXEMBOURG : 13, rue du Palais. Tél. : 87.75.23.60. Ouvert tous les jours jusqu'à 21 h. Fermé le dimanche matin.

C'est un petit bar au centre ville, très fréquenté des jeunes et des étudiants où il fait bon s'arrêter autour d'une bière ou d'un café, pourquoi pas un apéritif ou une coupe de champagne. 15 ans d'existence et beaucoup de bonnes habitudes dont trois bières pression (spéciale, brune et blonde) et depuis 10 ans déjà un patron footballeur professionnel sympathique et qui cadre bien dans son établissement.

L'ACA : Place Carnot. Tél. : 83.35.26.13.
Au rendez-vous des étudiants BCBG de la Fac de Droit. L'endroit est assez sale mais le café est à 5 F. Alors pour passer une heure entre 2 cours.

AUX VINS DE LORRAINE : 7, rue Guerrier-de-Dumast. Tél. : 83.36.41.20.
Petit café près de la Fac de Sciences et de l'Institut de Commerce où il fait bon s'arrêter prendre un café dans une ambiance sympathique. Le patron, Loulou pour les intimes, vous servira toutes les spécialités de la maison : le croque-monsieur du chef (à la crème fraîche) 10 F, les tartes à l'oignon et au fromage (maison) 15 F, mais aussi les œufs sur le plat (3) ou l'omelette jambon, champignons et fromage (20 F). Plus traditionnels, tous les sandwichs (jambon, fromage, ou pâté) sont à 10 F. On prévoit des transformations : une cuisine où l'on préparera à toute heure des plats chauds.

13 PUBS

*« La publicité est le reflet des peuples...
A chaque pays sa culture publicitaire.
Dis-moi quelle est ta pub,
je te dirai qui tu es. »*
Jacques Séguéla
Fils de Pub, Flammarion, 1983.

Classez les publicités en fonction des produits qu'elles vantent.

OUI A LA PUBLICITE HONNETE
SEDUISANTE MARRANTE COLOREE GAIE SERIEUSE SPECTACULAIRE
VIOLENTE EXOTIQUE TENDRE DYNAMIQUE GOURMANDE RAFFINEE DROLE SPORT
BVP
BUREAU DE VERIFICATION DE LA PUBLICITE
LES ENTREPRISES D'AFFICHAGE EN ADHERANT AU BVP CONTRIBUENT A UNE PUBLICITE HONNETE

Pour une publicité LOYALE, VERIDIQUE et SAINE
PAR L'AUTODISCIPLINE

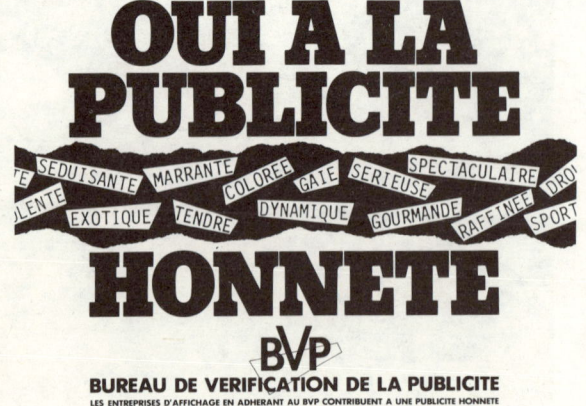

32

PRENEZ VOTRE TEMPS DANS LES RAPIDES.

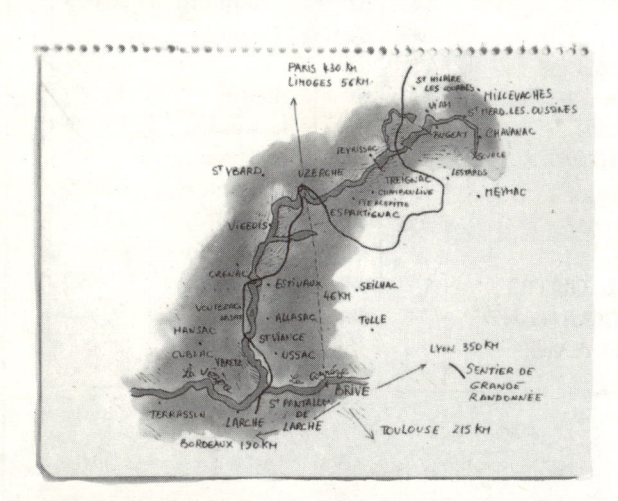

Vous aimez l'eau. Vous recherchez les émotions fortes. Vous appréciez les beaux paysages. Alors, le Limousin est fait pour vous.

Folles, calmes ou tendres, toutes les rivières sont dans la nature du Limousin. Sur la Creuse, la Vézère, la Vienne ou la Gartempe découvrez tous les plaisirs de la glisse. Et, fendez les gerbes d'écume à bord de votre kayak.

Propulsez-vous dans le courant. Laissez-vous entraîner vers des plaisirs physiques insoupçonnés. Et, surtout, prenez le temps de prendre votre temps.

N'hésitez plus, jetez-vous à l'eau.
En une semaine de stage, vous pourrez affronter des rivières de classe 3.

Le Limousin
Tous ses chemins mènent à la découverte

Comité Régional de Tourisme du Limousin, 8, cours Bugeaud 87000 LIMOGES. Tél. 55.79.57.12
Service Minitel : 36.14 – Code d'accès : RTTL.

14
TIERCÉ À LONGCHAMP

D'après les pronostics radio, établissez deux tiercés, l'un sans risques en jouant les favoris, l'autre plus incertain en pariant sur les outsiders.

LONGCHAMP

Premier gros handicap à Longchamp pour poulains et pouliches de trois ans.
Le Prix du Bel-Air se dispute sur 1 850 mètres (130 000 francs).

PROPRIÉTAIRES	ENTRAÎNEURS	PMU	Nos	CHEVAUX	S.A.	Poids	JOCKEYS	GAINS
J. Byng	Ph. Lallie	301	1	COME AS YOU ARE	M3	56,5	J. Heloury	70 000
Mme N. Pacini	J. Pellows	302	2	DANCER BAMBOLINO	M3	56	D. Beadman	70 000
Mme Bertrand	R. Collet	303	3	BOHEMIAN CRYSTAL	M3	54	C. Asmussen	70 000
A. Boccara	J. Cunnington Jr.	304	4	EUCLION	M3	53	J.C. Desaint	....
Mme Abu Kha	J.C. Cunnington	305	5	MIGRATOR	M3	53	A. Badel	....
J. Biarnes	D. Boutier	306	6	SON OF LAKE	M3	52,5	T. Lemer	65 000
J. Delvert	B. Margueritte	307	7	KEN DAN	M3	52	G. Guignard	60 000
Mme Rabatel	J. Laumain	308	8	ORDIC	M3	52	F. Pegurri	....
J. Attia	G. Brillet	309	9	SOIE BLANCHE	F3	52	M. de Smyter	90 000
B. Bellaiche	E. Lellouche	310	10	SANTO ANGELO	M3	51,5	E. Legrix	110 000
Prince Al Kabir	R. Collet	311	11	SPARKLING	F3	51	J.L. Kessas	60 000
Mme R. Ades	J. Cunnington Jr.	312	12	PLEASANT WAY	F3	50,5	J.L. Theault	....
J. Seror	C. da Meda	313	13	BEAU MALIN	M3	49,5	D. Lawniczak	70 000
A.S.F. Li	P.-L. Biancone	314	14	GOTTARDO	M3	49,5	E. Barelli	25 000
Mme L. Bates	L. Bates	315	15	MIASME	M3	49,5	P. Bruneau	....
G. Vanotti	J. Bertran de Balanda	316	16	LÉONARD D. CHAMPS	M3	49	W. Messina	115 000
P. Nataf	G. Philippeau	317	17	THE ACCOUNTANT	M3	48,5	S. Prou	90 000
R. Camara	C. Deleuze	318	18	LA VALÉRIENNE	F3	46	Y. Talamo	94 000

VOTRE 1er TIERCÉ			
VOTRE 2e TIERCÉ			

Enlevé et retrouvé

Journée lourde d'émotions pour Henri LEVESQUE : son trotteur phénomène « Hadol du Vivier », enlevé dans la nuit de mercredi à jeudi dans son box du haras de Cheffreville-Tonnencourt (Calvados) par des malfaiteurs qui réclamaient une rançon de 2 millions de francs, a été retrouvé hier en fin d'après-midi dans une ferme abandonnée, à Lessard-et-le-Chêne, à une vingtaine de kilomètres du haras. « Hadol du Vivier » a connu une prodigieuse carrière, pendant laquelle il a gagné 650 millions de francs dans les années 1970, pour l'écurie de Henri LEVESQUE. Agé de 11 ans, il servait d'étalon depuis quatre ans.

(En « Informations générales ».)

Une femme jockey remporte le tiercé

Depuis 1956, année de la création du tiercé, aucune femme jockey n'avait remporté le jeu le plus populaire des Français. C'est chose faite depuis que Abdonski, associée à Darie Boutboul, a passé le poteau victorieusement dans le prix de Plaisance, hier à Longchamp. Darie Boutboul n'est même pas professionnelle. Elle monte dans les courses d'obstacles pour le plaisir.

15
COURS POUR ENFANTS

Complétez la fiche de renseignements suivante, qui concerne le cours d'informatique pour enfants.

Centre Culturel Albert-Camus   Activités enfants 1991/92

INFORMATIQUE

Public :

Niveaux :

Jour/Horaires :

Durée :

Cotisation :

Remarques :

PASSEPORT-VACANCES

Il a 15 ans. Les vacances familiales ? Il vous rit au nez. Les colos améliorées ou les séjours organisés même de luxe, il refuse catégoriquement. Ce qu'il veut ? Partir seul (ou avec un copain) à l'aventure. Faire la route, sac au dos. Vous, les parents, vous n'êtes pas chauds, vous angoissez même carrément en imaginant les mille et une catastrophes qui pourraient lui arriver.

Avec le passeport-vacances UFCV (Union française des Centres de Vacances), la discussion est close. Vous pouvez dire OK sans passer des nuits blanches. Il partira seul mais en toute sécurité. Vous, en toute tranquillité. Car vous pourrez toujours savoir où il se trouve.

L'idée : l'UFCV (3 000 centres de vacances dans toute la France) met à la disposition du jeune routard 100 de ces centres (Bretagne, Rhône-Alpes, Côte Aquitaine). Ce sont des points étapes, où le jeune globe-trotter peut dormir, manger, se faire soigner (ampoules, entorses, etc.). Il peut même consulter un médecin. Il peut aussi trouver une aide morale ou des conseils touristiques auprès des chefs de centre.

Le passeport : un petit carnet jaune, contenant toutes les autorisations parentales en cas de pépin. Des pages destinées à recevoir les visas des centres étapes (obligatoire deux fois par semaine). Deux pages itinéraire et budget. Plus des cartes pré-adressées au siège UFCV où il a pris son passeport et aux centres étapes qu'il vient de quitter ou qu'il va rejoindre. A poster tous les vendredis. Vous pouvez donc toujours localiser votre fils (ou fille), d'autant plus qu'une permanence passeport-vacances est tenue 24 heures sur 24 à chaque siège régional.

A notre avis

Le passeport-vacances est un service inestimable pour les parents anxieux. Il permet de respecter le désir d'autonomie du jeune, tout en le surveillant de loin. Ça ne marche bien que si les parents sont dans le coup. Il faut que s'établisse un genre de contrat de confiance entre vous.

Pour une première fois, qu'il parte avec un copain. C'est rassurant. Et aidez-le à faire son itinéraire, c'est une façon de vous associer à ce départ. L'UFCV est un organisme auquel on peut se fier. Vous avez vraiment la garantie que jamais un jeune ne sera laissé en danger.

Le passeport-vacances UFCV a reçu le label « AIJ (Année internationale de la Jeunesse) » octroyé par le ministère de la Jeunesse et des Sports.

COMMENT S'INSCRIRE ?

De 15 à 17 ans. 1 mois : 800 F (assurance et assistance comprises). 3 semaines : 650 F, 2 semaines : 400 F. Prix moyen d'un repas au centre étape : 20 F, nuit gratuite. UFCV, 19, rue Dareau, Paris, 75014. Tél. 45.35.25.26.

« PRENEZ LA CASE DÉPART ET RECEVEZ 20 000 F »

Cette petite phrase a cinquante ans ! Voilà un demi-siècle, un demi-siècle déjà que le Monopoly existe. Et pas une ride. Un succès sur toute la ligne sans creux, ni vagues. Qui n'a, de sa vie, passé un après-midi pluvieux à faire une partie de Monopoly ? Adultes et enfants, tous jouent avec le même enthousiasme. Imaginez que la NASA a fait fabriquer des jeux pour occuper les astronautes pendant les vols spatiaux ! Partout, ou presque, le Monopoly est un best-seller. Il a été traduit dans dix-neuf langues. En France, 40 % des foyers possèdent au moins un Monopoly. Le Monopoly va souffler ses 50 bougies en grande pompe. D'abord avec des championnats de France dont la finale aura lieu le 22 juin. Ensuite avec deux éditions spéciales 50e anniversaire, à tirage limité. L'une luxueuse (boîte en métal noir) et l'autre classique mais chic (boîte de carton noir imprimé or et noir).

Au fait, savez-vous que c'est un certain Charles Darrow, représentant en appareils de chauffage qui, dans les années 30 (en pleine crise économique), a inventé ce jeu anti-crise ? Et, pour la petite histoire, notez que le jeu, refusé par la société Parker Brothers (« trop long, trop compliqué, sans avenir »), fut d'abord commercialisé par une petite firme de Philadelphie. Ça a si bien marché que Parker Brothers est revenu sur son verdict et qu'en 1935 le Monopoly a conquis le marché des jeux de société. Maintenant parlons records... Partie la plus longue à quatre joueurs : 660 h (27 jours et demi). Partie la plus longue jouée dans une baignoire : 99 h. Et dans un ascenseur en marche : 384 h (16 jours). Qui dit mieux ?

Monopoly (Parker Brothers), éditions spéciales : 180 et 340 F.

16
MAISONS À VENDRE

Une association est à la recherche d'une maison à la campagne pour organiser des stages. Écoutez le rapport de la responsable et identifiez les maisons décrites sur les illustrations.

1

MAISON de campagne à restaurer, sur 5 000 m² env. Maison et pigeonnier en pierres, 3 pces cheminée, sol brique ancienne.
Px : 120 000 dans l'état
150 000 toit. refaite

2

ANJOU. En cours de restaur., à 260 km Sud-Ouest de Paris, anc. CORPS DE FERME époque XVIe aux élégantes portes cintrées en pierres de taille. Toit vieilles tuiles, belles chem., 120 m² au sol avec 4, 5 pces dt 1 avec chem. monumentale et four à pain. Gren. aménag. sur l'ensemble avec 2 belles lucarnes, accès par escalier tournant en chêne. Menuiseries refaites dans le style. Puits couverts. Gros œuvre et toit. parf. état. L'ensemble dans un cadre bocager sur 1 300 m². Px fév.-mars : 220 000 F, PIERRES D'ANJOU, 20-22, rue de la Paix, 72000 Le Mans.

3

Au calme, en sortie de ville avec tous commerces, et SNCF, sur 2 ha de terrain, joli **CHÂTEAU** XVIIIe, renfermant : au rez-de-chaussée : hall d'entrée, cuisine, 4 pièces de réception. 1er étage : 6 chambres et cabinet de toilette. Autres chambres sous combles. Cave. Px : 850 000 F, SARL D'EXPLOITATION DE L'AGENCE BELLEMOISE, 8, bd Bansard-des-Bois, 61130 Bellême.

4

Jolie **MAISON** normande sur terrain clos 5 000 m² bordure ruisseau. Site vallonné avec belle vue. Gd calme. Murs et toiture refaits à neuf. Eau, EDF, tél., isolation. Dépendance.
Px : 318 000 F

5

PARIS. (110 km). Une grande **MAISON** qui ne peut laisser indifférent, dans un village calme de l'Yonne avec quelques commerces, région pittoresque. Sur 1 985 m², très bon état d'ensemble : 8 très grandes pièces et cuisine, 2 greniers aménageables, belles dépendances en L avec écurie, grange, bûcher, atelier, cave. Une affaire rare. Px : 370 000 F Agence DU MONTOIS, 77520 Donnemarie-Dontilly.

6

LANDES : 10 km de Mimizan, près des lacs, 80 km de Biarritz par autoroute. Dans bourg, propriétaire vend à Escource, une des plus anciennes **FERME** landaise, grand séjour avec cheminée, poutres et sol d'origine. 4 chambres, grenier aménageable, 4 000 m² de terrain. Vieux puits. Travaux à prévoir.
Px : 400 000 F

Pour visiter s'adresser à :
L'Hôtel des Touristes,
Cap de Pin (Landes).
Visites du mardi au samedi.

7

Ds une région très touristique, jolie **MAISON** de campagne de style « quercynois » avec magnifique pigeonnier, 5 gdes pces, terrain de 5 000 m². Vastes dépendances.
Px : 380 000 F

1 maison n°
2 maison n°
3 maison n°
4 maison n°
5 maison n°
6 maison n°
7 maison n°

L'ENFER DU PERCHE

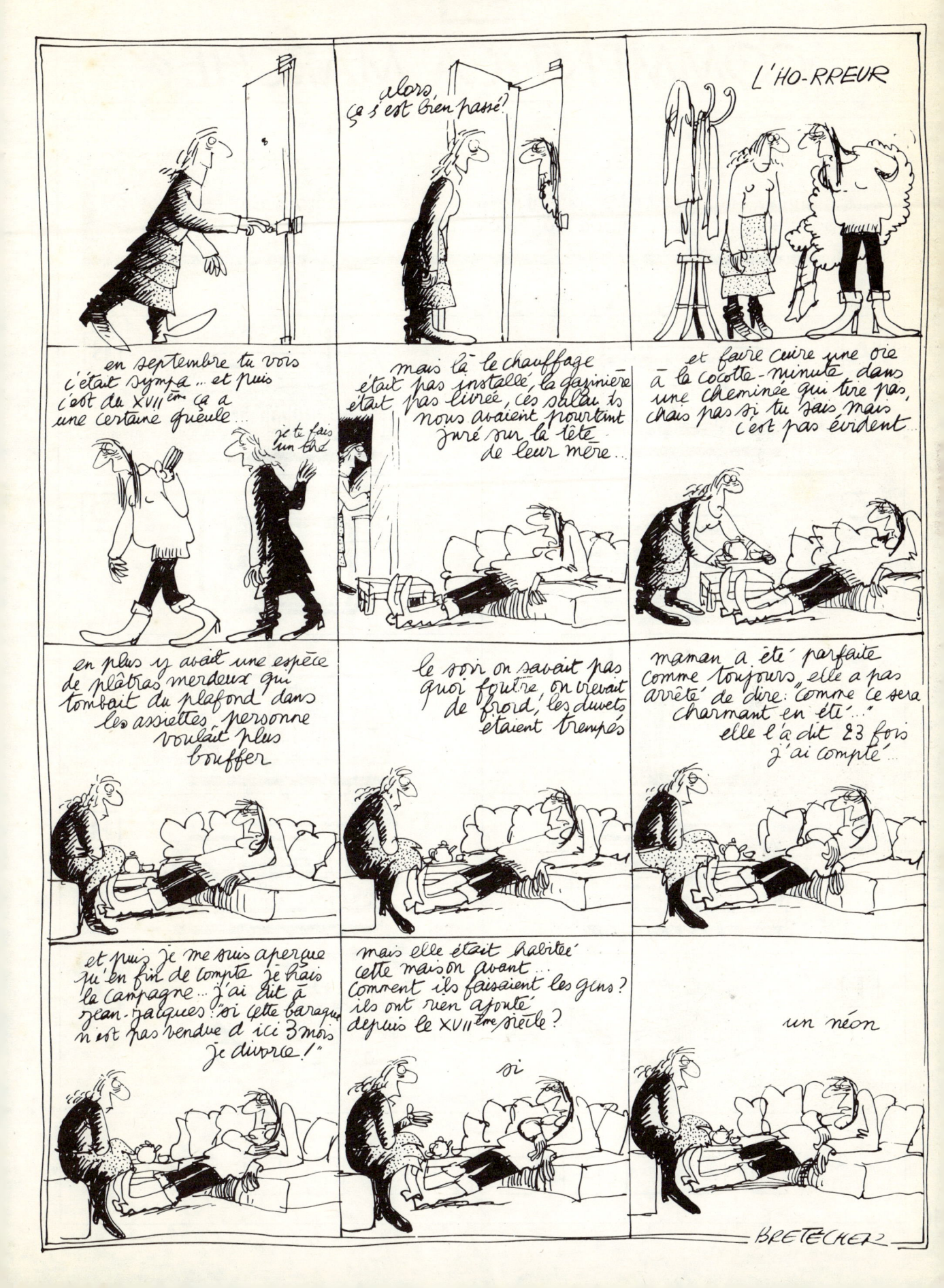

alors, ça s'est bien passé?

L'HO-RREUR

en septembre tu vois c'était sympa... et puis c'est du XVIIème ça a une certaine gueule...

je te fais un thé

mais là le chauffage était pas installé, la gazinière était pas livrée, ces salauts nous avaient pourtant juré sur la tête de leur mère...

et faire cuire une oie à la cocotte-minute dans une cheminée qui tire pas, chais pas si tu sais mais c'est pas évident

en plus y avait une espèce de plâtras merdeux qui tombait du plafond dans les assiettes, personne voulait plus bouffer

le soir on savait pas quoi foutre, on crevait de froid, les duvets étaient trempés

maman a été parfaite comme toujours, elle a pas arrêté de dire: "comme ce sera charmant en été"... elle l'a dit 23 fois j'ai compté

et puis je me suis aperçue qu'en fin de compte je hais la campagne... j'ai dit à Jean-Jacques: "si cette baraque n'est pas vendue d'ici 3 mois je divorce!"

mais elle était habitée cette maison avant... comment ils faisaient les gens? ils ont rien ajouté depuis le XVIIème siècle?

si

un néon

BRETECHER

17
COMMENT ÇA MARCHE?

Indiquez dans quel ordre doivent s'effectuer les dix opérations nécessaires pour enregistrer un film au magnétoscope.

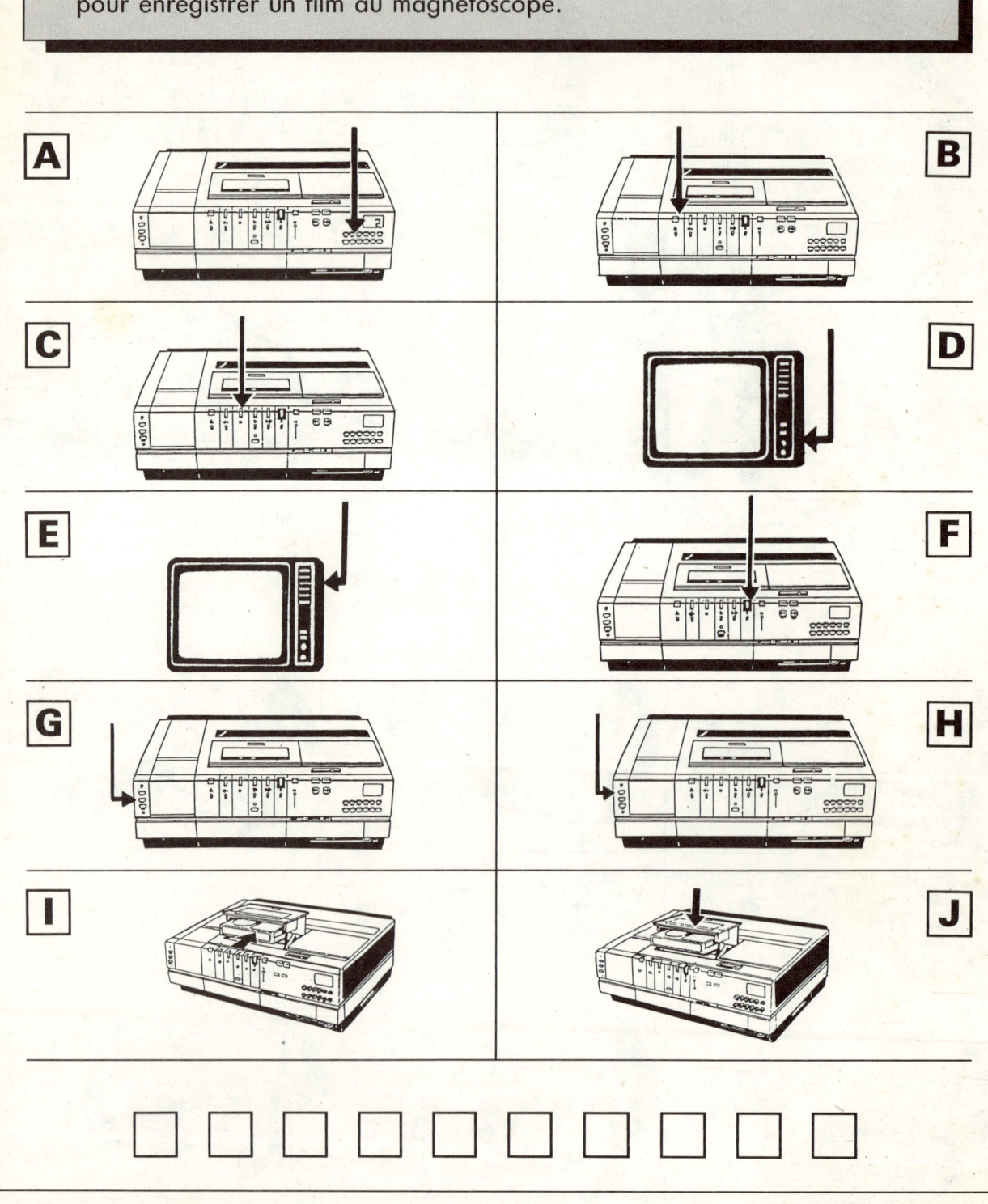

A	B
C	D
E	F
G	H
I	J

☐ ☐ ☐ ☐ ☐ ☐ ☐ ☐ ☐ ☐

CASSETTES VIDÉO KODAK.
POUR GARDER ET REGARDER.

Avec les cassettes vidéo KODAK, vous allez composer le meilleur programme télé du monde. Le vôtre, avec KODAK. Enclenchez, votre télévision s'embrase et le spectacle commence. Car ces cassettes sont conformes aux normes de qualité et d'exigence KODAK. Excellent rapport signal/bruit pour une très grande pureté du son, brillance des couleurs, extrême finesse de restitution, même après des centaines de lectures et d'enregistrements. 2 systèmes VHS et BETAMAX, 2 qualités Regular et Extra High Grade (HGX) : pour les usages particulièrement intensifs, les arrêts sur images, ralentis... Quand vous demandez à votre vidéo de rire, pleurer ou chanter, faites confiance à KODAK. Avec ces cassettes vidéo KODAK, le spectacle peut commencer... et recommencer.

Cherche Napoléon

Enseignant à l'Université, j'aurais besoin pour un cours de l'enregistrement sur cassette d'une version du film d'Abel Gance, *Napoléon* (diffusé à la T.V. voilà peu d'années). Des lecteurs de *Télérama* pourraient-ils prêter cet enregistrement, qui serait utilisé dans les meilleures conditions techniques ? Retour garanti... Merci beaucoup.

*Patrick Delvas
12, rue des Argoulets
31300 Toulouse*

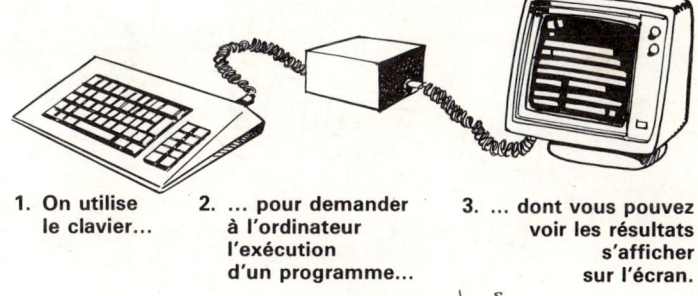

1. On utilise le clavier...
2. ... pour demander à l'ordinateur l'exécution d'un programme...
3. ... dont vous pouvez voir les résultats s'afficher sur l'écran.

1. On utilise les touches...
2. ... pour demander au magnétocassette de lire la cassette...
3. ... dont vous pouvez entendre la musique.

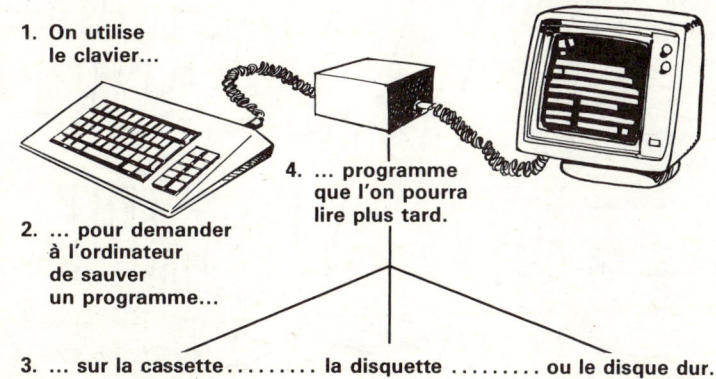

1. On utilise le clavier...
2. ... pour demander à l'ordinateur de sauver un programme...
3. ... sur la cassette .... la disquette .... ou le disque dur.
4. ... programme que l'on pourra lire plus tard.
5. Et après exécution on pourra toujours voir les résultats s'afficher à l'écran...

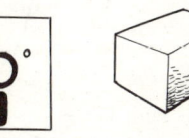

41

18
ITINÉRAIRES

Tracez sur le plan les trois itinéraires indiqués par les passants, et mettez une croix aux points d'arrivée.

Les trois itinéraires commencent près de la gare : le premier à la flèche 1, le second à la flèche 2, le troisième à la flèche 3. Les flèches indiquent la direction à suivre.

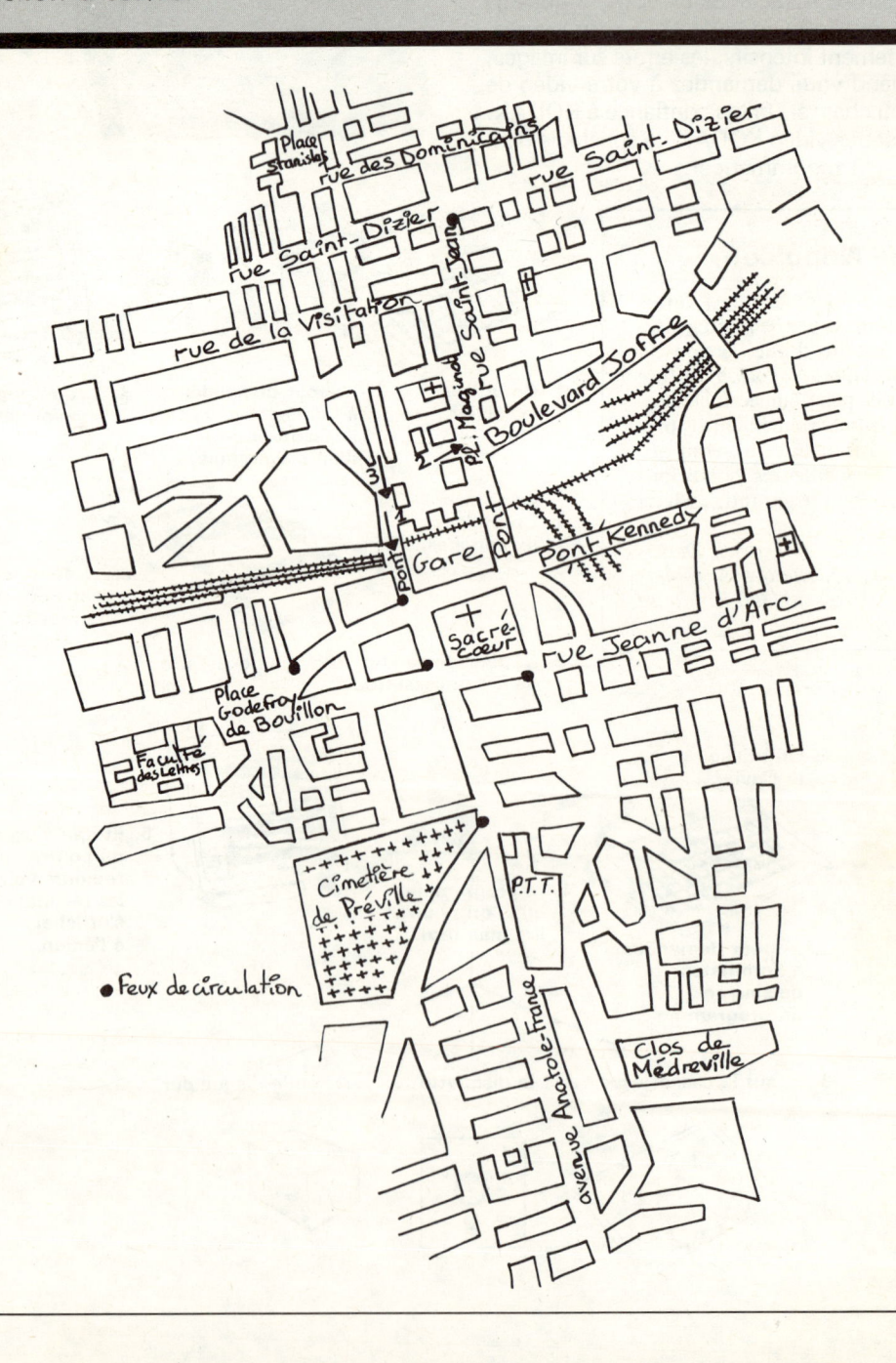

Le programme des festivités de Saint-Nicolas

VENDREDI 4 DÉCEMBRE

20 h 30 : concert de chorales, salle Poirel (entrée gratuite).

SAMEDI 5 DÉCEMBRE

Animation des divers quartiers de la ville avec les sociétés musicales extérieures et la participation de musiques locales et militaires.

De 14 h 30 à 17 h : spectacle pour enfants à la Pépinière.

DIMANCHE 6 DÉCEMBRE

De 11 h à 12 h : animation des divers quartiers de la ville avec les musiques extérieures.

De 15 h à 16 h 30 : concert de ces musiques place Stanislas et dans plusieurs endroits de la ville.

17 h : rassemblement du cortège au faubourg des Trois-Maisons.

17 h 15 : apparition de saint Nicolas à Saint-Epvre.

17 h 15 : départ du défilé.
Le cortège empruntera l'itinéraire suivant : rue de la Citadelle, rue Henri-Déglin, rue Grandville, rue Braconnot, Grande Rue, place Saint-Epvre, rue Lafayette, rue d'Amerval, rue Stanislas, rue des Carmes, rue Saint-Jean, rue Saint-Dizier, rue Stanislas (à contresens), place Stanislas, tour de la place, hôtel de ville, dislocation par la rue des Dominicains.

18 h 15 : arrivée du cortège place Stanislas.

18 h 30 : arrivée de saint Nicolas à l'hôtel de ville, remise de la clé de l'hôtel de ville à saint Nicolas par le maire.

18 h 35 : extinction des lumières, allocution de saint Nicolas.

18 h 40 : spectacle pyro-musical sur la légende de saint Nicolas ; feu d'artifice.

19
RADIO-MESSAGES

Parmi les petites annonces suivantes, trouvez celles qui peuvent répondre aux radio-messages.

1 Achète à personne sérieuse, voiture break bon état, kilométrage raisonnable, 80 à 84, tél. de 9 à 19 h au (8) 765.34.57, ap. 19 h au (8) 702.51.40.

2 Urgent cause départ vends 1 sommier + matelas, divan état neuf, buffet cuisine, diverses autres choses, Nancy, tél. (8) 653.50.44.

3 Cherchons apprentie vendeuse 16 ans minimum, niveau 3e, présentée par parents, magasin Chaussures, 38, boulevard de la Gare, Nancy.

4 Jeune femme, 31 ans, veuve, 1 enf., gaie et jeune esprit, cherche amis(es) en vue sorties, loisirs et peut-être plus si déclic. Éc. au journal n° 4237.

5 Jeune femme 22 ans cherche enfant à garder, scolarisé ou non, gd appartement près parc, libre actuellement, tél. (8) 454.85.27.

6 Urgent, jeune homme cherche appart. studio ou F1, loyer modéré, Nancy ou banlieue. Tél. (8) 570.98.01 le matin ou le soir après 18 heures.

7 Cause déménagement, cède berger allemand à personne affectueuse ayant un jardin. Tél. (8) 988.42.58.

8 Jeune femme garderait enfant à partir de novembre, âge indifférent, Nancy quartier Jeanne-d'Arc. Tél. (8) 158.61.50.

9 Vous cherchez un job? Vous êtes accrocheur(se) et dynamique, alors présentez-vous le lundi matin, Groupement d'Artisans, 6, rue Montaigne.

Les raisons de la musique

Quelles sont les raisons qui vous incitent personnellement à écouter une radio libre (ou radio locale privée) ?

	OUI	NON	N.S.P.[1]	TOTAL
Parce que le son est meilleur sur la modulation de fréquence	**64**	31	5	100
Parce que les animateurs vous semblent plus proches	59	37	4	100
Parce qu'on y parle de ce qui se passe dans votre commune ou dans votre région	56	42	2	100
Parce que les informations nationales sont plus brèves	43	52	5	100
Parce que le ton est plus décontracté	**76**	20	4	100
Parce qu'elle diffuse la musique que vous aimez	**85**	12	3	100

Trois raisons majeures : la musique qu'on aime, le ton décontracté, un son meilleur. Pour la musique, un oui franc et massif de la tranche d'âge 18-24 ans (95 %), ouvriers (91 %) ou commerçants (89 %) et sympathisants du PS (88 %). Presque égalité entre les jeunes de la région parisienne (92 %) et ceux d'une commune de moins de 2 000 habitants (86 %).
Le ton plus décontracté séduit les 18-24 ans (82 %), ouvriers (85 %) et agriculteurs (85 %) et les sympathisants du P.S. (79 %). La qualité du son importe plus aux hommes (70 %) qu'aux femmes (56 %). Aux 18-24 ans (80 %), aux ouvriers (71 %) et aux cadres moyens et employés (67 %). Et chez les sympathisants du P.S. (73 %).
Il faut noter que les 18-24 ans n'ont guère d'intérêt pour les informations locales ou régionales (32 % seulement écoutent une radio privée pour cela) et que c'est chez les agriculteurs (85 %) qu'on retrouve le plus cette motivation.

Sondage exclusif LOUIS HARRIS FRANCE/TÉLÉRAMA réalisé les 9 et 10 mai 1985 auprès d'un échantillon de 1 000 personnes, représentatif (par la méthode des quotas) de la population française âgée de 18 ans et plus.

1 : N.S.P. : ne se prononcent pas.

RADIO BLEUE
Dodo

Chanson française, popote et morale percutante du genre : « *Il y a toujours un mal dans un bien* », Radio Bleue n'a pas choisi le dynamisme. S'adressant aux auditeurs du troisième âge, de 8 à 12 heures seulement, les animateurs marchent sur la pointe des pieds, un doigt sur les lèvres, pour ne pas déranger ceux qui, le plaid sur les jambes, ronronnent en silence derrière leur fenêtre. Seules les infos de 8 h 30 parviennent à l'entrouvrir.

20
AU RÉGIME

Faites votre choix dans les deux menus, en fonction des recommandations du médecin (dans chaque série de plats, un seul vous est permis).

Au Chapon Fin

Service 15 % en sus

MENU TOURISTIQUE
90 F

Assiette de charcuterie

ou

Pâté en croûte

ou

Crudités de saison

Côte de porc garnie

ou

Steak frites

ou

Filet de poisson grillé garni

Fromage

Dessert :

Fruits frais

ou

Glace

ou

Mousse au chocolat

MENU GASTRONOMIQUE
140 F

Cassolette d'escargots au beurre d'ail

ou

Beignets de fruits de mer

ou

Truite saumonée

Côte de bœuf au gril garnie

ou

Poulet sauce au cresson

ou

Jambonneau aux lentilles

Salade de saison

Plateau de fromages

Dessert :

Salade de fruits frais

ou

Pâtisserie maison

ou

Coupe glacée

La garniture est au choix : Frites, pâtes, haricots verts.

TU AS UN CORPS MAGNI-FIQUE MON TRÉSOR !
GYM TONIC, EAU MINÉRALE, VÉLO, LAIT ÉCRÉMÉ, DANSE MODERNE, PAIN COMPLET, YOGA !...
TOI AUSSI MA CHÉRIE, TU ES SUPERBE !
GRILLADES TENNIS, JUS D'ORANGE, JOGGING, UN DEMI CONCOMBRE, NATATION MAIS PAS DE TABAC
VOUS DEVRIEZ EN FAIRE AUTANT LES HOMMES !...
ÇA NE VOUS FERAIT PAS DE MAL
TU AS UN CORPS MAGNI-FIQUE MON TRÉSOR
CHOUCROUTE, SIESTE, CASSOULET, SIESTE, BIERE, SIESTE, RILLETTES, SIESTE ...

21
RENDEZ-VOUS SUR MA TOMBE

Placez les extraits dans leur ordre d'origine, en vous aidant du résumé ci-dessous :
« Un jeune journaliste en reportage, Julien Martel, fait la connaissance d'une jolie auto-stoppeuse qu'il conduit à l'entrée de Villefranche. Elle dit s'appeler Laura Forestier. A l'Hôtel du Roi où il a pris pension, Julien apprend de la bouche de sa logeuse qu'il est fort peu probable que son auto-stoppeuse ait été Laura Forestier : elle est morte il y a six semaines. »

Alexandre Terrel

RENDEZ-VOUS SUR MA TOMBE

Le roman de votre feuilleton policier sur les plus grandes radios locales

L'AUTO-STOP : UN ART DE VOYAGER

Apologie sommaire du stop

Le stop est un sport complet mais aussi une « bonne école » en ce sens qu'il apprend, outre à marcher, à être patient, débrouillard, hardi, à vaincre sa timidité, se déshabituer de son petit confort bien douillet, à avoir confiance en soi ; savoir que l'on s'en sortira. Enfin à connaître des gens que l'on n'a pas autrement l'occasion de rencontrer. Est-il nécessaire de souligner, en outre, que le stop est dans le monde actuel une des seules manières de goûter à l'aventure et d'assouvir son goût du risque ? Oui, monsieur.

Le stop est un des meilleurs moyens pour visiter un pays. Combien de chauffeurs n'hésitent pas à faire quelque chose de particulier pour le stoppeur ? Cela va du simple verre offert, à l'invitation à déjeuner, de l'hébergement aux détours pour visiter un village inconnu. Fréquemment l'automobiliste n'hésite pas à attirer votre attention sur un site à côté duquel vous seriez passé sans l'avoir vu, s'il ne s'était pas arrêté pour vous le montrer.

Il y aurait beaucoup à dire sur le stop, notamment l'espèce de franc-jeu joué par les deux parties sur les longs trajets : on sait que la rencontre est très brève sans souvent espoir de se revoir, alors on se laisse aller, on se confie...

Et puis vous apprendrez, dans les pays traversés, que les gens sont merveilleux. Vous voyant au bord de la route, beaucoup sourient en vous encourageant, d'autres vous encouragent en souriant. Très peu se moquent et ceux qui s'arrêtent donnent un échantillon de l'indigène du coin. D'ailleurs cet indigène-là est forcément gentil (puisqu'il s'arrête). Il favorise l'idée d'un pays à gens charmants, impression que vous garderez et qui en vaut bien une autre.

Attitude et tenue

Se tenir bien droit et non avachi comme certains (!). Paraître détendu, même si vous attendez depuis trois heures et surtout un léger sourire aux lèvres — sans exagération ! Regardez l'automobiliste droit dans les yeux afin d'établir aussitôt un contact entre vous deux. C'est d'ailleurs pour cela qu'il ne faut jamais stopper avec des lunettes de soleil. Enfin, quand vous descendez, n'oubliez jamais de dire au revoir ou merci à votre conducteur dans sa propre langue. C'est le détail qui l'incitera à prendre systématiquement tous les autres stoppeurs par la suite.

L'emplacement

Sans doute le problème essentiel. Partir de l'axiome que « l'automobiliste est paresseux ». Deux paramètres sont donc à respecter : d'abord la possibilité de stationnement, ensuite la vitesse de la voiture.

Si ces deux facteurs ne sont pas réunis, ne perdez pas votre temps : marchez vers un endroit plus propice.

Si les chauffeurs vous font signe qu'ils tournent prochainement... c'est que vous êtes près d'un carrefour. Y aller (conseil offert par le Comité de soutien des lapalissades).

Quelques emplacements types :
— après un virage (mais assez loin cependant afin de laisser le temps de freiner et de vous voir à l'avance) ;
— après un carrefour ;
— au milieu d'une longue côte ;
— sur les bretelles d'autoroutes ;
— à la sortie d'une station essence.

Enfin, le stop sur les petites routes est beaucoup plus valable qu'il ne paraît. Beaucoup de personnes se refusent à prendre un stoppeur à l'entrée d'une autoroute (on rencontre n'importe qui dans l'esprit des automobilistes) alors que, sur une route d'importance moyenne, les gens sont plus en confiance. Inconvénient : les distances parcourues sont plus courtes.

CONCARNEAU

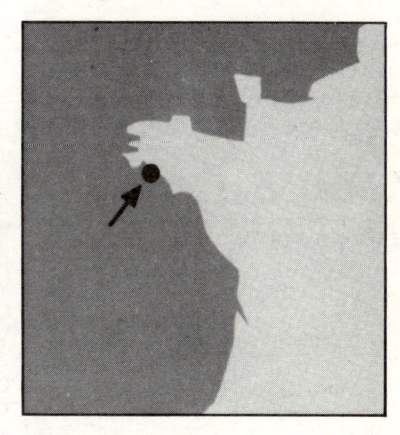

HÔTELS : Prix des chambres taxes et service compris, sans le petit déjeuner.	Hors saison	Pleine saison
***Promotel du Cabellou (Pâques-oct.). Motel sur la plage. Tél. : 98.97.10.40	135-258	213-313
***Ty-Chupen-Gwen (toute l'année), plage des Sables-Blancs. Tél. : 98.97.01.43 - ascenseur	190-275	190-275
**Grand Hôtel (mars-octobre), face au port et à la Ville-Close, av. Pierre-Guéguin. Tél. : 98.97.00.28	90-230	90-230
**Hôtel Le Jockey (toute l'année), av. P.-Guéguin. Tél. : 98.97.31.52	88-168	88-168
**Atlantic Hôtel (juin-sept.). Face au port de plaisance. Tél. : 98.97.00.45	105-220	105-220
**Hôtel de France (toute l'année), av. de la Gare. Tél. : 98.97.00.64	68-160	68-160
**Hôtel Modern, 5, rue du Lin (toute l'année). Tél. : 98.97.03.36	118-255	118-225
*Hôtel des Halles (toute l'année), Enclos de Servigny. Tél. : 98.97.11.41 - garage privé	70-150	70-150
*Hôtel de la Gare (toute l'année), av. de la Gare. Tél. : 98.97.04.23	65-85	66-85
Ker-Mor (toute l'année), plage des Sables-Blancs. Tél. : 98.97.02.96	75-150	85-160
Les Filets Bleus (juin-sept.), plage du Cabellou. Tél. : 98.97.06.86	71	71

TRANSCRIPTIONS DES ENREGISTREMENTS

Les formes de la colonne de gauche appartiennent au français familier.

y'a	il y a
y'a pas	il n'y a pas
y'avait	il y avait
pis	puis
ben	bien

(prononcé « bin »)

1. CETTE SEMAINE À LA TÉLÉ

Bonjour. Au sommaire cette semaine sur Antenne 2 :

Lundi 21 novembre, 20 h 35 : « Le Grand Échiquier ».
Mardi 22 novembre, 20 h 40 : « L'Extravagant Monsieur Deeds ».
Mercredi 23 novembre, 21 h 35 : « John Fitzgerald Kennedy ».
Jeudi 24 novembre, « Enquête Publique » à 21 h 30.
Vendredi 25 novembre, 22 h 05 : « Les Enfants du Rock ».
Samedi 26 novembre, 22 h 05 : « Thérèse Humbert », deuxième épisode.
Dimanche 27 novembre, 21 h 40 : « Repères sur Modern Dance ».

2. VOYAGE EN TRAIN

— SNCF renseignements gare de Nancy bonjour.
— Bonjour. Euh est-ce que vous pourriez me faire un itinéraire Nancy-Lille pour dimanche s'il vous plaît? Dimanche matin avec arrivée à Lille euh avant 14 h si c'est possible.
— Oui. Alors euh... Départ de Nancy à 8 h 02[1]
— Oui.
— Vous passez par Longuyon
— D'accord, Longuyon...
— Vous arrivez à Longuyon à 9 h 25
— Oui.
— Vous repartez à 9 h 34 pour arriver à Lille à 12 h 40
— On change à Longuyon alors?
— Oui.
— D'accord, Lille 12 h 40. D'accord, je vous remercie. Et puis est-ce que vous pourriez me faire le retour maintenant mais euh un train qui parte de Lille après 18 h parce que nous on va, on y va pour un match à Lille.
— Mm, alors... alors vous avez un train à 21 h 46 en partance de Lille
— Oui.
— Euh c'est peut-être un peu tard?
— Ben ça dépend à quelle heure on arrive à Nancy quoi!
— Ah oui mais à Metz vous êtes bloquée.
— Ah...
— Et vous avez rien avant 1 h 56 pour aller sur Nancy.
— Oui...
— Alors l'autre train. Vous avez un train à 17 h 32.
— Oh non ça c'est trop tôt. 17 h 32 on aura jamais le temps de... de le prendre, de... de l'avoir non...
— Alors euh... alors il faut passer par Paris là.
— Ben d'accord on passe par Paris.

---

1. 8 h 02 : l'employé de la SNCF dit : huit heures deux.

— Euh alors vous avez un train à... à Lille.
— Oui.
— Départ de Lille à 18 h 05[2]
— Oui.
— Arrivée à Paris 20 h 32
— Oui.
— Et vous n'avez rien avant 23 h 15 pour aller à Nancy
— 23 h 15 de Paris.
— A Nancy vous arrivez à 2 h 21.
— Nancy 2 h 21. Donc y'a rien avant 23 h 15?
— Non.
— Alors est-ce que vous auriez un train qui parte de Lille plus tard alors pour qu'on puisse euh manger à Lille?
— Alors vous avez un train à 19 h 52
— Ouais eh ben ça ça va 19 h 52...
— Arrivée à Paris 22 h 14.
— 22 h 14. Mm, ben je vous remercie beaucoup.
— A votre service.
— Au revoir.

2. 18 h 05 : l'employé de la SNCF dit : dix-huit heures zéro cinq.

3. OÙ SUIS-JE?

Alors, je vous rappelle la règle du jeu. Michel circule dans l'agglomération nancéienne. Dans un instant, il va s'arrêter et vous devrez deviner son aire de stationnement. Vous donnerez votre solution à notre standard et non sur l'antenne. Vous avez jusqu'à 8 h 40.
(...)
— Allô Michel?
— Oui Jacques, je vous reçois. Euh alors je suis entouré d'arbres un peu rabougris euh je ne connais pas l'essence hein, euh je ne connais pas grand chose aux arbres, c'est très différent d'hier, hier j'étais dans une végétation luxuriante. Euh il y a également un tout petit peu de verdure, par contre il y a un parking de forme particulière, il est triangulaire ce parking.
— Ah un parking triangulaire à quatre côtés?
— Non non non non, euh trois côtés. Attendez je les compte hein! Euh un, deux, trois côtés. Alors où je me trouve on peut y accéder euh soit par une rue comme je l'ai fait, euh soit par un escalier.
— Ah on peut y accéder par un escalier.
— Oui. Euh donc une première série de renseignements : des arbres rabougris autour d'une espèce de placette qui est entièrement occupée par un parking, le tout de forme triangulaire. Il y a deux possibilités d'accès, soit de venir en voiture comme on l'a fait, c'est-à-dire en passant par une rue évidemment, euh soit par un escalier.
— Ah oui, vous n'avez pas pris l'escalier en voiture si j'ai bien compris.
— Non non non on n'a pas voulu essayer!
— Bien alors c'est tout. Appelez-nous si vous avez déjà trouvé ou pour nous poser des questions au 341.51.10.
— (...)
— Allô Michel? Question d'un auditeur : y a-t-il une horloge où vous vous trouvez?
— Alors il y a-t-il une horloge? Euh là vous me pre... prenez un peu au dépourvu euh je regarde autour de moi, une horloge, une horloge, euh je ne crois pas, non je ne vois pas d'horloge.
— Donc vous n'êtes déjà pas à Westminster.
— Ah mon cher Jacques qu'est-ce que vous êtes marrant vous alors!
— Oui, oui. Michel, d'autres renseignements?
— Oui, j'apporte une précision. Euh l'endroit où je suis euh est euh une espèce de parking. En fait je j'ai vérifié euh il ne porte pas le nom de place mais de rue. Il s'agit de d'une rue qui fait un angle droit euh oui droit, et cet angle est légèrement élargi de manière à avoir construit un parking mais cela s'appelle bien rue euh, rue de quelque chose.
— Alors c'est un angle entre deux rues différentes ou c'est la même?
— Euh non non non non, euh c'est une rue unique qui fait à elle seule un angle droit et cet angle de quatre-vingt-dix degrés environ a été élargi de manière à ce qu'on dispose un parking, sur lequel on doit pouvoir mettre euh attendez voir approximativement quatre-vingts quatre-vingts voitures grosso modo. Euh à part ça il y a un terrain, un terrain de quoi? Euh vous aimez bien ça vous!
— Un terrain de sport!
— Si on peut dire.
— Un terrain de boules!

– Et voilà ! Euh effectivement il y a un terrain de boules. Alors euh je récapitule encore une fois, il y a des petits arbres, un peu rabougris, il y a une rue qui fait un angle de quatre-vingt-dix degrés, cet angle est élargi, euh y'a un parking, à part ça euh il y a euh un terrain de boules.
– Bien. Question d'un autre auditeur, une auditrice cette fois : est-ce que le parking triangulaire se trouve près d'un pont ?
– Ah très très bonne question attendez je regarde bien devant moi, je regarde bien derrière moi, euh oui il se trouve près d'un pont oui.
– Ah ! Et en face du parking y aurait-il un bâtiment délabré ?
– Euh alors euh vous allez faire de la peine aux gens là euh qui ah si, si si là-bas ! Euh l'air délabré oui oui, il y a un bâtiment un peu en face de moi euh délabré oui. Euh mais euh ils ne sont pas il n'est pas sur la place attention hein !
– Et il y a le chemin de fer qui se, qui passe en-dessous ?
– Alors là je crois que notre auditrice a une idée très très nette de l'endroit où je me trouve.
– Et sur le parking se garent des poids lourds quelquefois ?
– Eh bien il me semble qu'elle a tout à fait deviné l'endroit où je me trouve. Euh je vais encore ajouter un autre élément pour les autres auditeurs. Euh c'est euh que pour euh oui pour arriver à l'endroit où je suis ce, c'est que je suis passé par une rue, et cette rue, elle est surmontée d'une petite passerelle.
– Et un petit peu plus loin sur votre gauche vous avez un célèbre musée, me dit l'auditrice.
– Écoutez puisqu'elle a l'air si bien renseigné, est-ce qu'elle sait ce qu'on peut manger à midi à la cantine ?
– Ah ah ! Hum ! En tout cas merci à cette auditrice. Elle m'a l'air d'avoir trouvé ça me paraît tout à fait évident. Alors Michel est-ce qu'on peut récapituler ?
– Euh d'accord Jacques. Euh alors je suis en fait sur un parking qui est formé par un élargissement de l'angle formé par une rue. Euh sur ce parking il y a un petit coin qui est réservé à un terrain de boules. On peut arriver à ce parking euh euh pour arriver pardon à ce parking il a fallu que je passe sur un pont car on ne peut être euh euh attendez voir on peut on peut préciser je ne suis pas à Nancy hein ! Pas à Nancy même. Je suis situé approximativement au nord de la place Stanislas. A quelques centaines de mètres ça commence à grimper sérieusement euh quoi encore ?
– Eh bien Michel merci de tous ces renseignements, je vous dis au revoir, on se retrouve dans 10 minutes. J'espère que d'ici là les auditeurs vont trouver la bonne réponse et on tirera au sort le gagnant après.
– D'accord !
– Et je vous signale qu'à la cantine à midi on mange du poulet-frites. Vous vouliez le savoir, vous le savez. Voilà mon cher Michel à tout à l'heure.
– A tout à l'heure.

4. LES AVENTURES DE GÉRARD LAMBERT

Extrait 3 (Tin tin.)
Quatorze avril soixante dix sept
dans la banlieue où qu'y fait nuit
la petite route est déserte
Gérard Lambert rentre chez lui.
Dans le lointain les mobylettes
poussent des cris...
Ça y est, j'ai planté le décor,
créé l'climat de ma chanson.
Ça sent la peur, ça pue la mort
j'aime bien c't'ambiance, pas vous ? ah bon.

Extrait 5 Voici l'histoire proprement dite,
voici l'intrigue de ma chanson
Gérard Lambert roule très vite,
le vent s'engouffre dans son blouson.
Dans le lointain les bourgeois dorment
comme des cons.
Lorsque soudain survient le drame
juste à la sortie d'un virage
y'a plus d'essence dans la bécane.
Gérard Lambert est fou de rage.
T'aurais pas dû, Gérard Lambert,
aller ce soir-là à Rungis,
t'aurais dû rester chez ta mère
comme un bon fils.

Extrait 1 Il met sa mob sur la béquille
s'assied par terre et réfléchit :
dans cette banlieue de bidonvilles
y'a pas une pompe ouverte la nuit !
Dans le lointain y'a une sirène
qui s'évanouit.
Qu'est-ce que j'vais faire bordel de Dieu ?
j'vais quand même pas rentrer à pied !
Plus y s'angoisse moins ça va mieux.
Quand soudain lui vient une idée :
j'vais siphonner un litre ou deux
dans l'réservoir de cette bagnole,
et pi après j'ui crève les pneus
comme ça gratuitement par plaisir,
faut bien qu'j'me défoule un p'tit peu
j'suis énervé.

Extrait 6 Une fois son forfait accompli
Gérard Lambert va repartir,
la mobylette veut rien savoir
c'est le bon Dieu qui l'a puni !
T'aurais pas dû, Gérard Lambert,
aller ce soir-là à Rungis,
t'aurais dû rester chez ta mère
comme un bon fils.
Alors, pendant une demi-heure,
dans son moteur, il tripatouille,
il est crevé, il est en sueur,
il a du cambouis jusqu'aux coudes.
Dans le lointain le jour se lève
comme d'habitude.

Extrait 4 A c'moment-là un mec arrive,
un p'tit loubard aux cheveux blonds,
et qui lui dit comme dans les livres
s'te plaît dessine-moi un mouton
une femme à poil ou un calibre,
un cran d'arrêt, une mobylette,
tout c'que tu veux mon pote, t'es libre,
mais dessine-moi que'qu chose de chouette !
Dans le lointain y s'passe plus rien
du moins y m'semble...

Extrait 2 Alors d'un coup d'clé à molette
bien placé entre les deux yeux (tin tin tin),
Gérard Lambert éclate la tête
du Petit Prince de mes deux !
Faut pas gonfler Gérard Lambert
quand y répare sa mobylette.
C'est la morale de ma chanson
moi, j'la trouve chouette,
pas vous ? ah bon...
(tin tin tin)
Sol fa si ré do si la si la do ré sol

Chanson de Renaud,
© CHAPPELL s.a. et MINO MUSIC.

5.
ALLÔ... ALLÔ ?

1 Le numéro que vous avez demandé n'est pas en service actuellement. Nous regrettons de ne pouvoir donner suite à votre appel.

2 La ligne de votre correspondant est interrompue. Nous regrettons de ne pouvoir donner suite à votre appel.

3 Par suite d'encombrement votre appel ne peut aboutir. Veuillez rappeler ultérieurement.

4 Ici numéro vert, ne quittez pas, celui que vous appelez vous offre l'appel.

5 Ici le service du réveil. Vous avez souhaité être appelé à cette heure-ci ; nous répondons à votre demande.

6 Toutes les lignes de votre correspondant sont occupées. Veuillez rappeler ultérieurement.

7 Le numéro que vous avez demandé ne peut pas être obtenu à partir du poste que vous utilisez. Nous regrettons de ne pouvoir donner suite à votre appel.

8 Vous avez demandé la police. Ne quittez pas.

9 Le numéro que vous avez demandé n'est plus en service actuellement. Cet abonné a changé de numéro et ne désire pas communiquer le nouveau.

10 Vous ne devez en aucun cas former le chiffre zéro à la suite de l'indicatif de pays. Veuillez renouveler votre appel en composant correctement le numéro.

11 La liaison que vous demandez étant perturbée, nous vous prions de ne rappeler qu'en cas d'urgence.

12 Vous avez demandé les Sapeurs Pompiers. Ne quittez pas.

13 Ici l'international automatique. Cette direction ne peut être obtenue que par l'intermédiaire d'une opératrice.

14 Ici l'international automatique. Ce numéro ne correspond pas à une direction en service. Veuillez consulter l'annuaire ou la notice qui vous a été remise.

15 Le numéro vert que vous avez demandé ne peut être obtenu à partir de la région d'où vous appelez. Nous regrettons de ne pouvoir donner suite à votre appel.

16 Le numéro que vous avez composé n'est pas attribué. La nouvelle numérotation est en place. Si nécessaire appelez le 36.10.

6.
FAITS DIVERS

Extrait 1

On connaît maintenant le butin du fric-frac du Mas d'Artigny vous savez cet hôtel de luxe de Saint-Paul-de-Vence, près de Nice. Cinq cents à six cents millions de centimes ont été, ont été raflés, et ce chiffre est encore provisoire parce que toutes les plaintes des victimes n'ont pas encore été enregistrées, certaines personnes étant absentes pour plusieurs jours. Au total ce sont quarante-six des soixante-dix-neuf coffres de l'hôtel qui ont été vidés entre 2 h 30 et 4 h 30 l'autre nuit. Un détail, je vous le donne : pendant que les trois voleurs travaillaient, enfin si je puis dire, dans la salle des coffres sidu… située juste derrière la réception, une cliente noctambule est arrivée. Elle a demandé la clé de son bungalow et, sans se troubler le moins du monde eh bien l'un des gangsters a joué le rôle du portier. Il a donné la clé. Voilà.

Extrait 2

Nous mangeons je vous l'ai dit de moins en moins de fruits et de légumes. La consommation française a baissé, dit-on, de quinze pour cent depuis quelques années. Les professionnels ont donc décidé de réagir, de faire une campagne, comme on dit, de sensibilisation nationale afin d'essayer de relancer cette consommation des choux de Bruxelles et des pommes de terre. La campagne débute aujourd'hui même dans la région Champagne-Ardennes. Elle se déroulera ensuite dans toute la France région par région. Il s'agit de mieux informer le consommateur, de proposer aux distributeurs une nouvelle politique de vente, avec un meilleur choix, une meilleure qualité des produits à l'étalage, etc., etc.

Extrait 3

Le Tour de France, départ cet après-midi à 15 h à Fontenay-sous-Bois dans le Val-de-Marne. Ce sera plus exactement le prologue contre la montre. Cent quarante coureurs, vingt-deux étapes sur trois mille huit cents kilomètres avec une arrivée bien sûr sur les Champs-Élysées le vingt-quatre juillet. Un Tour de France sans Bernard Hinault, et donc très ouvert.

Extrait 4

La soucoupe volante n'était qu'un ballon-sonde météorologique. Vous vous en souvenez peut-être, il y a quelques jours, l'équipage et les passagers d'un avion de ligne avaient croisé dans le ciel de Roanne un objet lumineux qui se déplaçait d'est en ouest. Impossible de prendre l'ensemble des passagers pour des plaisantins car il y avait parmi eux un député, il y avait aussi le président de l'A.S. Saint-Étienne et le préfet de la Loire. Bref, enquête faite, on s'est aperçu que cette mystérieuse soucoupe volante n'était qu'un ballon-sonde de la météo. On l'avait lâché de l'aéroport de Lyon-Satolas trente-cinq minutes plus tôt. Poussé par le vent, il évoluait à vingt-cinq mille mètres d'altitude.

Extrait 5

La Tour Eiffel vendue en petits morceaux ! Ça n'est pas un canular. Je sais bien qu'il y a eu des escroqueries célèbres sur la grande tour vendue à des Américains, sur la Fontaine Wallace et même le crâne de Voltaire enfant, mais là, c'est du sérieux. Comme on vient de faire des travaux d'aménagement au premier étage, des tonnes de poutrelles ont été enlevées à la tour et sont inutilisées. Alors, un petit malin a eu l'idée de les revendre à six cents francs pièce. Évidemment, ça fait un petit peu gros pour un porte-clefs mais il paraît qu'il y a des amateurs pour avoir comme ça chez eux un vrai morceau de la vraie Tour Eiffel.

7.
QU'EST-CE QU'ON MANGE ?

— Bon, euh... on mange ensemble après la réunion de travail ?
— OK, d'accord.
— Et puis on mange euh on mange chez moi ça ira plus vite et puis on revient rapidement.
— Oui ça sera plus rapide, oui.
— Qu'est-ce qu'on mange alors, t'as envie de quoi toi ?
— Ben écoute, je sais pas, il faut voir ce qu'y a.
— J'ai pas grand chose à la maison, on fait des...
— Ben écoute, je vais faire quelques courses alors, hein ?
— Ah oui d'accord, sympa !
— OK.
— On fait quoi des escalopes à... des escalopes à la crème ?
— Ouais par exemple.
— Hein. Alors on sera quatre, t'achètes quatre escalopes
— Ouais.
— Ouais de... de dinde, c'est moins cher que le veau
— Ouais.
— Hein. D'accord. Euh... un petit pot de crème...
— Ouais.
— Qu'est-ce qu'il faut encore pour faire les escalopes ? des... des champignons
— Oui d'accord des champignons.
— On, on les achète coupés ?
— Oh oui des champignons coupés.
— Ouais.
— Ouais.
— On... un gros pot hein parce que quand même on est quatre hein
— Ouais, bon alors je prends une grosse boîte.
— Tu sais si tu trouves des « Dondel », moi c'est ceux que je préfère.
— Ah d'accord
(rires).
— OK.
— C'est vrai je les trouve bon les « Dondel », pas toi ?
— Ouais, c'est vrai, c'est vrai qu'ils sont plus moelleux ouais.
— Hein ils sont bons ? Euh... ensuite euh... des fruits, t'as qu'à acheter des pommes ou des poires enfin les moins chers hein.
— Les moins chers.
— Un kilo de fruits les moins chers.
— Ouais, ouais, d'accord.
— Et puis on s'fera un petit café, mais ce qu'y a c'est que je n'en ai plus, tu peux acheter mais alors là, j'aimerais bien les... du café « Délice » de Pandor.
— Ah ouais, ouais. Ouais, je vois.
— Hein deux cent cinquante grammes
— D'accord. Un paquet ouais.
— Un paquet. Et puis voilà.
— D'accord.
— Du sucre ! Du sucre, j'en ai plus, j'en ai plus du sucre !
— Du sucre, sucre en morceaux ?
— Mm.
— Mm.
— Un kilo de sucre en morceaux.
— Ouais.
— Voilà.
— D'accord. Donc euh alors attends euh on a dit un pot de crème
— Un petit, oui.
— Euh... quatre escalopes de dinde
— Oui.

— Euh... un paquet de café
— Oui « Délice » de Pandor.
— « Délice » de Pandor, un kilo de sucre en morceaux
— Mm.
— Euh... une grosse boîte de champignons coupés, donc je prends des « Dondel »
— Si y en a oui.
— Ouais. Et puis euh... un kilo de fruits quoi, mais là je verrai sur place.
— Ouais les moins chers.
— Les moins chers, voilà.
— D'accord? Bon ben à tout à l'heure.
— OK. Ben à tout à l'heure.
— Merci.

8. AU CINÉMA CE SOIR...

(musique)

Bonjour! Vous êtes en communication avec le diffuseur du Cinéma Rio, 21, rue Saint-Michel à Metz. Veuillez ne pas quitter, nos programmes dans quelques instants.

(musique)

Voici la grille de nos programmes pour la semaine du 15 au 21 inclus :

Erendira :

séances à 13 h 50, 15 h 55, 18 h, 20 h 10, 22 h 15. Film 15 minutes après.

Le marginal :

séances à 13 h 40, 15 h 35, 17 h 30, 19 h 25, 21 h 20. Film 30 minutes après.

Au nom de tous les miens :

séances à 14 h, 17 h 20, 20 h 40. Film 20 minutes après.

Blanche-Neige et les 7 Nains :

séances à 14 h, 16 h 30, 19 h, 21 h 30. Film 25 minutes après.

Le retour du Jedi :

séances 13 h 45, 16 h 25, 19 h. Film 30 minutes après.

Androïde :

séances à 14 h, 16 h, 18 h, 20 h, 22 h. Film 20 minutes après.

Jamais plus jamais :

séances à 13 h 40, 16 h 20, 19 h, 21 h 40. Film 20 minutes après.

A nos amours :

séances à 14 h, 16 h, 18 h, 20 h, 22 h. Film 25 minutes après.

Signes extérieurs de richesse :

séances à 13 h 55, 15 h 45, 17 h 35, 19 h 20, 21 h 10. Film 30 minutes après.

(musique)

Vous êtes toujours en communication avec le diffuseur du Cinéma Rio. Merci de votre attention et à très bientôt.

9. CHANGEMENT DE PROGRAMME

Bien, avant que nous nous séparions pour nous rendre dans nos divers ateliers pour démarrer les travaux de... ce matin, j'ai un certain nombre d'informations à apporter et de m... modifications à signaler à propos du programme qui vous a été euh donné. Bien. Pour ce matin euh rien de particulier à signaler pour l'atelier 1 par contre pour l'atelier 2 euh Gérald Guillaumet ne sera pas en mesure d'intervenir ce matin, il pourra intervenir demain après-midi donc euh à partir de 14 h 30 et Alain Poplin a bien voulu euh animer l'atelier ce matin avec euh Pierre Mougenot euh son rapporteur. Pour l'atelier 3, euh le nom du rapporteur n'était pas signalé euh l'atelier 3 donc de Catherine Cussac, il s'agira de Marie Petit. Euh je vous invite très fortement à arrêter les travaux à 12 h 30 de manière à ce que nous puissions nous rendre à l'... au restaurant universitaire où on nous attend vers 12 h 45. Le pot de ce soir à 18 h 30 aura lieu en salle cent trente-huit au rez-de-chaussée. Demain samedi donc, il y a... pour des raisons techniques l'atelier 1 ne pourra pas avoir lieu en salle F deux cent soixante-quinze et devra donc se déplacer en salle deux cent quarante-cinq. Pour ce qui est de l'atelier 2 il y a une petite faute de... d'impression euh cet atelier continuera comme ce matin en salle deux cent quatre-vingt-huit et non pas en deux, salle deux cent vingt-huit comme c'est signalé dans le programme. Le rapporteur de l'atelier 1, j'ai oublié de vous le signaler euh sera Francis Carré, donc l'atelier animé par Dominique Moiny. Je vous rappelle encore une fois donc que l'atelier 2 demain après-midi sera an... animé par Gérald Guillaumet. Enfin, il serait souhaitable que dimanche euh matin, les rapporteurs se réunissent euh à 9 h euh si vous voulez bien en salle deux cent soixante-quinze de manière à préparer la synthèse des travaux. Bien, je vous remercie et je vous souhaite une bonne matinée de travail.

10. CROISIÈRE

— Bonjour monsieur.
— Bonjour monsieur. Je peux vous... renseigner ?
— Ben écoutez voilà je... désirerais faire euh avec mon épouse une croisière euh pendant... les les les vacances.
— Oui. Est-ce que vous avez une petite idée de l'endroit où vous voulez aller ? Plutôt au sud, plutôt le sud-ouest euh plutôt le sud-est ?
— Bon enfin disons que je préfèrerais euh le sud euh.
— Vous préféreriez le sud.
— La Méditerranée disons.
— Le sud. Et alors quand ? Quel moment, le mois de juillet, le mois d'août ?
— En juillet hein, je je peux difficilement partir en août ou en septembre.
— Alors bien en juillet. D'accord. Alors, je vais vous proposer une croisière qui est très bien, qui se trouve au mois de juillet, fin juillet, une croisière qui dure dix jours, c'est la croisière de la danse. Voilà les prospectus. Pendant dix jours vous êtes euh sur un bateau euh vous suivez un itinéraire et sur le bateau vous avez droit chaque soir à des spectacles de danse, euh à des concerts, des conférences, etc.
— Oui.
— Alors par rapport à l'itinéraire, vous partez de Toulon
— Oui.
— Vous êtes un jour en mer, vous arrivez à La Valette
— Oui.
— De La Valette vous arrivez au Pirée. Après Le Pirée c'est Skiatos, puis Kusadasi, ensuite Cythère, Syracuse et le dixième jour vous êtes de retour à Toulon.
— C'est c'est la Grèce, la Crète euh la Sicile euh et retour à Toulon.
— Voilà, et retour à Toulon.
— Bien.
— Alors le prix de cette croisière, elle n'est pas trop chère, tout est compris, c'est sept mille quatre cent cinquante francs par personne.
— Hum.
— Et à mon avis c'est une très très bonne croisière euh très intéressante. Donc y'a ça.
— Oui.
— Sinon je peux vous proposer autre chose, c'est le tour d'Espagne.
— Vous me laissez la brochure hein ?
— Oui vous pouvez emmener la brochure bien sûr. Je vous laisse euh... donc il y a le tour d'Espagne deuxième croisière.
— Oui.
— Euh c'est un départ du Havre, toujours au mois de juillet, c'est du vingt-trois au trente-et-un, et le... vous suivez l'itinéraire suivant c'est-à-dire que vous partez eun vous passez un jour en mer, vous arrivez à La Corogne, puis vous êtes à ... à Porto, après Porto euh vous arrivez à Lisbonne, c'est le Portugal, puis Cadix, vous êtes le dimanche à Malaga.
— Oui je vous arrête parce que euh...
— Oui.
— Disons que ça m'intéresse moins hein l'Espagne.
— Ça vous intéresse moins, d'accord. Au sujet du prix elle est, bon, un peu moins chère que l'autre. Ceci dit, elle fait deux mille euh... cinq mille deux cent quarante francs tout compris.
— Oui.
— Bon alors moi je peux encore vous proposer une troisième croisière, qui ne fait celle-ci que bon sept jours, euh... c'est un, par contre ça vous donne des facilités au niveau du choix des dates, c'est-à-dire que vous avez un départ tous les samedis du vingt-huit avril au six octobre. Donc vous pouvez choisir le jour de votre départ.
— Oui d'accord d'accord.
— Et la semaine dans le mois où vous voulez partir.
— Hum hum.

– Alors là c'est un itinéraire qui part de Venise euh un jour en mer, vous passez par Corinthe, le canal de Corinthe, Le Pirée, Athènes, Rhodes, Héraklion, Corfou, Dubrovnik et Venise.
– Mais vous dites que euh on part de Venise?
– Oui c'est ça. Alors bon c'est un petit peu l'inconvénient de cette croisière, c'est que euh il faut que vous vous rendiez à Venise par vos propres moyens.
– Ah bon oui ça évidemment c'est…
– Voilà.
– C'est un peu gênant.
– Sinon par rapport au prix elle est un peu moins chère que les autres, elle fait cinq mille cent cinquante francs tout compris. Et il y en a une autre croisière qui est en fait euh semblable à celle-ci, je crois qu'il y a une petite variante dans l'itinéraire, et cette deuxième fait quatre mille neuf cent quatre-vingt-dix francs tout compris aussi.
– Oui.
– Voilà.
– Mm euh… ben euh je vais euh prendre les… les brochures, vous pouvez me les laisser.
– Alors donc voilà n'oubliez pas la brochure de la croisière de la danse hein, je vous l'ai mise là.
– Évidemment et… la danse c'est très intéressant.
– Celle-ci est intéressante oui.
– Je… pense à… ma femme qui à qui elle plairait beaucoup.
– Mm.
– Je vais réfléchir et je…
– Ben écoutez oui, je vous donne donc les brochures et pis comme ça vous pourrez choisir.
– D'accord. Je vous remercie beaucoup.
– Voilà, mais je vous en prie monsieur.
– Au revoir monsieur.
– Voilà au revoir.

11. MÉTÉO

Bulletin n° 1

Pour aujourd'hui attention aux brouillards. On ne sait jamais dans certaines vallées ils peuvent encore persister mais ils vont se dissiper pour laisser place au soleil. Peut-être y aura-t-il un peu plus de nuages au nord de la Seine, mais enfin ça n'est pas grand'chose, c'est donc du beau temps dans l'ensemble. Pour demain, ça va changer. Nous aurons des nuages qui vont arriver, puis nous repartirons pour une période anti-cyclonique, de nouveau du beau temps d'ici deux trois jours. Les températures quant à elles sont en légère hausse par rapport à hier, elles vont encore monter demain. Cela est dû à l'invasion d'air plus doux, plus humide, venu de la mer. Mais pour le moment, de onze à seize degrés sur la moitié nord, et de douze à vingt degrés sur la moitié sud. C'est exactement la même chose depuis trois jours.

Bulletin n° 2

Voici maintenant la carte : donc sur le tiers sud-est du pays, un temps mitigé avec beaucoup de nuages se déplaçant vers le sud-est. Donc des averses localement fortes et possiblement des orages, mais ça s'améliorera donc dimanche. Sur le reste du pays, les deux-tiers nord-ouest, des brumes et des brouillards le matin, vous en avez l'habitude. Et l'après-midi c'est du beau temps. Le baromètre qui est à la baisse va remonter, les températures elles, elles baissent. Elles baissent nettement car nous sommes derrière le front froid donc elles vont de onze à vingt degrés demain. Baisse sensible de deux, trois ou quatre degrés selon les régions.

Bulletin n° 3

Regardez la carte, elle est assez simple. Du nord de la Bretagne à la Picardie en passant par le Bassin Parisien, les côtes de la Manche, le Nord et les Flandres, c'est un temps encore couvert avec de petites brumes. Attention, les routes glissent et par endroits les brouillards sont encore tenaces. Sur le reste du pays, du nord-est au centre-ouest, au sud-ouest et à la Méditerranée, progressivement les brouillards souvent tenaces vont se dissiper très lentement. Et ensuite, eh bien, ce sera plutôt du beau temps, notamment, notamment sur le nord-est. Donc ça n'est pas trop mauvais pour les trois-quarts sud et sud-est, ainsi que nord-est, du pays. Côté températures maintenant, pas grand'chose, une toute petite hausse. Cela va de treize à quinze degrés sur la moitié nord et de douze à vingt-et-un degrés sur la moitié sud. Vingt-et-un degrés prévus à Biarritz. Voici le temps pour cet après-midi. Ça n'est donc pas extraordinaire, sauf sur la moitié sud.

Bulletin n° 4

Regardez la carte, elle est simple. Donc sur le tiers ouest, arrivée des nuages, avec des pluies intermittentes, ce n'est pas très méchant. Le baromètre évidemment est en baisse. Sur le reste du pays, après les brouillards c'est du grand beau temps surtout sur l'est et la Méditerranée. A signaler le vent d'autan. L'autan si vous ne le savez pas c'est l'inverse de la tramontane météorologique, ça souffle de la Méditerranée vers l'Atlantique. Côté températures c'est excellent, cela va de quatorze à vingt degrés, vingt degrés maximum à Nice, pour l'après-midi des températures ma foi très douces pour la saison. A ce point que des avocats et des citrons mûrissent dans l'île de Ré, c'est vous dire !

12. À LA FAC

— Salut !
— Salut !
— Dis-moi, tu pourrais pas euh... m'aider là, je suis un peu perdue, je voudrais aller à la Fac de...
— Ah ?
— De Sciences pis...
— Mais t'as pas un plan là ?
— Ben si mais j'y comprends rien.
— Comprends rien. Bon attends. Alors oui, c'est vrai que c'est compliqué hein ici. Bon. Y'a trois y'a trois bâtiments.
— Ouais.
— Hein bon, alors euh... quand, quand tu, quand t'es en face, dans l'entrée principale là, là où tu vois, y'a des arbres à l'entrée.
— Ouais.
— Donc on regarde vers le nord à l'entrée.
— Mm.
— Et... tu vois, t'as qu'à regarder le dessin qu'y'a en bas de la page là.
— Ouais.
— Alors, si tu veux, quand on regarde comme ça...
— Mm.
— A gauche, y'a un bâtiment de six étages en forme de Y (i grec), un peu.
— Ah oui d'accord ouais.
— Ça c'est le bâtiment B.
— Mm.
— Celui qui est tout à fait à gauche.
— Mm.
— Bon, au milieu y'a un autre bâtiment qui est de deux étages seulement, euh il est plus grand.
— Ouais.
— Hein, en forme d'arc-de-cercle avec une cour.
— Ah oui, oui d'accord là je vois ouais...
— Une cour au centre, ça c'est le bâtiment C.
— Ouais.
— Bâtiment C. Bon et puis alors à droite, celui qui est le plus à droite, c'est une grande tour de six étages.
— Mm.
— Elle est toute ronde là hein, c'est le bâtiment A ça.
— Ah oui d'accord ouais.
— Bon, alors si tu veux je commence par le bâtiment B hein... celui qui est en...
— Alors le bâtiment B c'est le premier ?
— Ouais.
— Ouais.
— Celui qui est en forme de Y (i grec).
— Mm.
— Qui se trouve en bas à gauche là du plan.
— Ouais.
— Alors dans ce bâtiment B y'a trois départements.
— Mm.
— Alors, y'a euh... le département de botanique, celui des sciences de la terre et celui de zoologie.
— Ouais.
— Bon alors le département de botanique c'est euh... la barre du bas du Y (i grec), celui qui fait une pointe vers le bas comme ça.
— Ah oui, ouais.
— Le plus euh...
— Mm.

59

– Bon, le département de zoologie, c'est la barre qui est à droite.
– Oui.
– Et le département des sciences de la terre c'est celui qui est à gauche si tu veux.
– Ah bon d'accord.
– Par rapport à ça, par rapport à nous.
– Alors attends, zoologie c'est... celui qui est en bas.
– Ouais.
– Ouais, d'accord, mm.
– Non c'est, c'est botanique qui est en bas.
– Ah oui alors c'est.
– Botanique en bas.
– Ouais.
– Zoologie à droite, sciences de la terre à gauche.
– D'accord.
– Voilà.
– Mm.
– Bon. Alors le bâtiment C, celui qui a une cour au milieu hein, ça, c'est un peu plus compliqué. Alors si on se trouve comme ça à l'entrée hein, comme on est.
– Ouais.
– Alors juste à gauche, y'a un ensemble de pièces numérotées de huit à dix-sept.
– Ah oui des petites pièces là.
– Oui c'est ça, alors ça, c'est les bureaux de l'administration.
– Mm.
– Bon, alors après, toutes les pièces qui donnent directement sur euh... la cour intérieure.
– Ouais.
– Là elles sont numérotées de dix-huit à euh... quarante.
– Ah ouais quarante mm.
– Alors ça, c'est des salles de travail pour les étudiants.
– Ah oui, d'accord et ça c'est au rez-de-chaussée ou euh...?
– Ah oui, oui, oui, oui, oui, oui.
– Ah oui.
– Mm. Bon et puis tu vois là, la salle trente-cinq là, c'est euh une salle qui est réservée à l'amicale des étudiants.
– Ah d'accord.
– C'est là que je vais... on y va souvent...
– Ouais, mm.
– Bon, alors après, y'a des grandes salles qui sont le plus vers l'extérieur.
– Eh attends.
– Ouais.
– Entre... là, les salles vingt-huit et trente-et-un c'est quoi euh ça?
– C'est tout des salles de travail.
– C'est que des salles de travail aussi, ouais.
– Toutes celles-là, là toute cette, toute cette euh... chose. Alors les grandes salles qui sont vers l'extérieur là, de... de un à sept.
– De euh... ah oui, d'accord, ouais ouais.
– Plus vers l'extérieur de la couronne, là, c'est des amphi, c'est des amphithéâtres. C'est des grandes salles de cours.
– Et là euh... c'est des amphi euh... mais euh... y'a n'importe quelle discipline qui s'en sert hein?
– Oui, oui, oui, oui, oui, oui, oui c'est les salles de cours euh poly... c'est pour tous les... toutes les disciplines.
– Mm.
– Bon et pis les salles qui sont au milieu alors entre les salles de travail et les amphi.
– Ouais.
– Avec les numéros de quarante et un à soixante-quatre là sur le plan, ça c'est des salles de cours bon hein plus petites, c'est...
– Mm.
– C'est des salles de cours. Voilà bon et pis je finis par le bâtiment A, la grosse tour, là hein, de six étages qui se trouve le... le plus à droite.
– Ouais.
– Alors là, y'a trois départements aussi...
– Mm.
– Celui qui se trouve le plus au nord c'est euh... le département de physique.
– Ouais.
– Hein...
– Ah oui d'accord.
– Le département alors euh... à droite c'est le département de chimie.
– Ouais.
– Et pis euh... le dernier c'est celui de mathématiques, il est plus euh... dirigé vers le... vers le reste quoi.
– D'accord, mais là c'est pareil, c'est que le rez-de-chaussée que tu m'as montré?

— Non, non, non, non mais c'est, c'est divisé de cette façon-là, comme ça.
— Ah oui, d'accord, mm.
— OK. Voilà, bon ça va, ça ira comme ça?
— Ben ouais!
— Tu vas t'y retrouver? Maintenant il reste plus qu'à…
— Ben je sais pas.
(rires)
— Faudra que j'essaie hein.
— OK.
— Enfin là, je comprends mieux quand même.
— Bon ben salut.
— Je te remercie.
— Au revoir.
— Salut.

13. PUBS

Peugeot-Talbot

— C'est le grand festival. Jusqu'au quatorze octobre le réseau Peugeot-Talbot fête les cent ans de l'automobile française. Un festival de nouveaux modèles, un festival de séries spéciales très intéressantes, un festival d'offres de financement exceptionnelles sur véhicules neufs et d'occasion. Et en plus un festival de cadeaux à gagner : douze 205 trois portes.
— Branché!
— Des dizaines de voyages pour deux et des milliers d'autres cadeaux. Onze jours d'affaires exceptionnelles dans tout le réseau Peugeot-Talbot.

Altor Vitres

Un, le nouvel Altor Vitres à la main; deux, ça sent bon, ça nettoie bien; un, nettoyez; deux, respirez; un, ça va vite; deux, y a pas mieux.

La fraîcheur d'Altor Vitres, c'est unique, c'est tonique. C'est bien plus agréable de nettoyer parfaitement les vitres.

Un, des vitres pleines de soleil; deux, dans la joie et la bonne odeur; Altor Vitres, formule fraîcheur.

Donnez de l'éclat à vos vitres, dans la joie et la bonne odeur. Nouvel Altor Vitres, vous sentirez la différence.

Monsieur Propre

— Bonjour madame Girard. Est-ce que cette musique vous dit quelque chose? (musique).
— Monsieur Propre, tout si propre que l'on peut voir dedans!
— C'est très bien. Mais avez-vous essayé le nouveau Monsieur Propre?
— Je l'utilisais pas avant, mais c'est très bien, ça sent bon, carrelage, enfin les carrelages de salle de bains, la, la baignoire. Tout y est passé. Oh, c'est vrai c'est très efficace. Moi, ça m'a, ça m'a bien plu et je vais le conserver c'est sûr, et il est musclé (rire).

Monsieur Propre, tout si propre que l'on peut se voir dedans!

Nouveau Monsieur Propre.
Plus musclé pour mieux briller.

Maison Individuelle

— Dis donc, tu as vu le nouveau numéro de *Maison Individuelle*?
— Le magazine qui vous fait la maison belle.
— Ne rigole pas, y'a que Maison Individuelle pour avoir des idées pareilles.
— De quoi parles-tu?
— Du nouveau « Cahier Déco » de *Maison Individuelle*.
— Ah!
— C'est plein de conseils de décorateurs, pour varier les couleurs, contraster les unis, les fleurs…
— Oui, je sais, ils expliquent aussi comment disposer les meubles, les luminaires, les rangements. Tiens! ça me donne des idées pour le salon.
— Tu vois, Maison Individuelle, c'est vraiment le magazine qui vous fait la maison belle!

En-cas Knorr

— Est-ce qu'il y en a parmi vous qui aiment le couscous ?
— Ouais.
— Alors dites ouf !
— Ouf !
— Les en-cas, les en-cas de Knorr.
— Hum !
— Une petite bouffe, le temps de dire ouf.
— Les en-cas de Knorr.
— Prêts en quatre minutes !

Chamois d'Or

— C'est un fromage tout rond, tout blanc.
— Cham, cham, cham, Chamois d'Or.
— Un fromage exquis, tout rond, tout blanc.
— Mordez dans la douceur.
— Mordez dans la douceur.
— Cham, cham, cham, cham, cham.
— Cham, cham, cham, Chamois d'Or.

Nouvel Observateur

Voici un communiqué du *Nouvel Observateur* :
— Il a quarante ans, marié, deux enfants. Au chômage depuis trois ans, il n'a plus rien pour vivre. Aujourd'hui, c'est la soupe populaire pour lui et pour ses gosses.
— Les nouveaux pauvres, tout le monde en parle en ce moment.
— Oui, mais cette semaine le Nouvel Observateur va beaucoup plus loin, le Nouvel Obs a rencontré pour vous ces nouveaux pauvres. Qui sont-ils et comment vivent-ils ? Que faire pour lutter contre ce terrible fléau ?
— Les nouveaux pauvres, une enquête de choc, des témoignages bouleversants, cette semaine, dans le Nouvel Observateur.

C'était un communiqué du *Nouvel Observateur*.

Citroën BX

— La Citroën BX, cinquante-sept mille deux cents francs.
— J'aime.
— La Citroën BX, quatre freins à disque.
— J'aime.
— La Citroën BX, un double circuit de freinage.
— J'aime.
— J'aime, j'aime, j'aime.
— Et ce n'est pas tout. La Citroën BX, c'est la tenue de route Citroën, la suspension Citroën, la sécurité Citroën, et c'est cinquante-sept mille deux cents francs.
— J'aime.
— J'aime, j'aime, j'aime.

14. TIERCÉ À LONGCHAMP

Europe 1

Tiercé qui se déroulera demain dimanche à Longchamp. C'est le premier dimanche de la saison à Longchamp avec le prix du Bel Air. Un handicap disputé sur mille huit cent cinquante mètres par dix-huit jeunes chevaux âgés de trois ans. Les pistes seront profondes à Longchamp et le terrain sera lourd car il a beaucoup plu sur la Région parisienne.

Je vais vous livrer quelques éléments favorables, retenus par l'ordinateur de... de Week-End avec tout d'abord le classement théorique qui place en tête le numéro 3 BOHEMIAN CRYSTAL devant le 7 KEN DAN, le 11 SPARKLING, le 12 PLEASANT WAY, le 17 THE ACCOUNTANT, le 5 MIGRATOR, le 2 DANCER BAMBOLINO et le 14 GOTTARDO devant SANTO ANGELO le 10 et l'as COME AS YOU ARE.

Il faut faire attention aux chevaux qui se sont classés lors du handicap d'ouverture, le 17 THE ACCOUNTANT et le 9 SOIE BLANCHE, celui qui s'est classé dans le prix de la Batty, le 13 BEAU MALIN, ceux qui se sont classés lors du prix de La Cour, le 17 THE ACCOUNTANT, le 10 SANTO ANGELO et le 18 LA VALÉRIENNE.

RTL

— Les pronostics du tiercé de Longchamp. Nous allons retrouver Maurice Bernardet dans un instant. Tiercé à Longchamp donc cet après-midi : DANCER BAMBOLINO le 2, MIGRATOR le 5, SPARKLING le 11, KEN DAN le 7, THE ACCOUNTANT le 17, ORDIC le 8, SANTO ANGELO le 10 et BEAU MALIN le 13. Le terrain sera très lourd, Maurice, cet après-midi.

— Le terrain sera très lourd, toutes les pistes sont épouvantables actuellement et cela complique beaucoup la tâche de... des chevaux. Mais il y a un cheval que je remonte dans mon pronostic, c'est le numéro 10 SANTO ANGELO qui, lui, a couru ses trois dernières courses par terrain lourd à Maison-Lafitte l'an dernier, encore à Maison-Lafitte cette année, puis à Saint-Cloud et il a terminé très fort. J'ai eu son entraîneur Eddy Lellouche au téléphone qui m'a dit : « Euh, pour moi la pluie est une providence, il aime bien le terrain lourd, ce n'est pas le cas de... de tous ses adversaires. Alors je pense que le cheval peut triompher. Il m'a fait un travail excellent cette semaine, je le crois en progrès, maintenant tout à fait au point ; alors, m'a-t-il dit, eh bien vous avez eu tort de le placer si loin. » Alors, je communique m... mon tort, je... c'est ma faute, c'est ma très grande faute. Remontez donc le numéro 10 SANTO ANGELO par exemple au troisième rang derrière le 2 et le 5 et peut-être aurons-nous la solution dans l'ordre de ce tiercé de Longchamp.
— Bien, nous vous écouterons cet après-midi en direct de Longchamp, Maurice. Je rappelle vos pronostics : 2, 5, 11, 7, 17, 8, 13 et puis le 10, un cheval dans lequel vous croyez beaucoup.

France Inter
Tiercé très ouvert cet après-midi à Longchamp, puisqu'il s'adresse exclusivement à des poulains et pouliches de trois ans dont certains effectueront leur rentrée alors que d'autres accompliront leurs premiers pas sur cette piste, piste au relief si particulier. Ils seront dix-huit au départ, distance à parcourir dix-huit cent cinquante mètres, grande piste, et terrain encore et toujours lourd. Voilà pour les présentations. Les pronostics à présent. Voici la combinaison que je vous propose : MIGRATOR le 5, ORDIC le 8, KEN DAN le 7, SANTO ANGELO le 10, SPARKLING le 11 et SON OF LAKE le 6. 5, 8, 7 ; 5, 8 et 7 ; plus loin le 10, le 11 et le 6.

15. COURS POUR ENFANTS

— Bonjour !
— Bonjour !
— J'aimerais avoir des renseignements sur les cours informatique pour enfants.
— Ah c'est un peu tard hein, et puis le cours est complet je crois. Mais euh il y aura un cours qui commencera en janvier et pour un trimestre.
— On peut encore s'inscrire ?
— Oui ben je vais prendre votre nom, votre adresse pis votre téléphone. Pas de problème.
— Et c'est quand ?
— Le jour c'est le mercredi. Euh quel âge il a ?
— Ben y'a... ça, c'est pour mes deux garçons, l'aîné a douze ans et le... le plus jeune a dix ans.
— Ouais, ben ils sont dans le même groupe là, c'est bien.
— Et vous avez un groupe de débutants ou bien un groupe d'avancés aussi ?
— Écoutez y'aura toujours un groupe de débutants et pis peut-être un groupe pour les plus avancés pour ceux par exemple qui sont en cours actuellement.
— Parce que... bon, on a offert un ordinateur là aux enfants, ils s'amusent souvent avec, alors je me demandais euh... enfin à votre avis je les mets dans le groupe débutants ou bien plutôt dans le groupe avancés ?
— Ben ils savent, ils savent vraiment bien programmer ou...
— Oh ben ils s'débrouillent, enfin le le plus grand mieux que le petit quand même.
— Ben écoutez, ils verront avec euh le... l'animateur, ça sera le mieux, et pis pour euh avoir des renseignements plus complets j'en aurai vers le quinze décembre.
— Bon, et le mercredi c'est en soirée ?
— Alors le mercredi c'est en fin d'après-midi de quatre à six.
— Alors qu'est-ce que je fais euh vous me recontactez ou bien je vous rappelle ?
— Écoutez le mieux c'est de repasser la deuxième semaine de... décembre, oui ça sera mieux.
— Donc le mercredi de quatre à six en janvier.
— Mm.
— Et combien ça coûte ?
— Eh ben vous paierez, vous payez l'inscription cent francs.
— Y'a pas de supplément euh pour l'informatique ?
— Non, non, non, vous avez une cotisation de cent francs et puis s'ils veulent garder une ou deux cassettes ben euh vous pouvez leur acheter hein.
— Bon ben d'accord alors je rappelle ou je repasse vers la mi-décembre.
— D'accord, OK.
— Ben je vous remercie, au revoir.
— Au revoir.

16.
MAISONS À VENDRE

— Bien alors, le point suivant. Euh je vais passer la parole à Blanche qui a été chargée de réunir un certain nombre de propositions pour la maison que nous recherchons.
— Ah!...
— Blanche à toi.
— Euh bien voilà, je commence par le sud peut-être?
— Ah oui, oui...
— Le sud... est?
— Alors j'ai, j'ai regardé la presse de la, de la semaine bon voilà j'ai rete... le sud-est c'était cher.
— Ah dommage.
— C'était cher, mais dans le sud-ouest, j'ai vu des choses jolies alors je vais vous les montrer.
— Oui, mm.
— Y'a une maison là dans le Quercy euh qui a beaucoup d'allure sur la photo, elle a un pigeonnier.
— Ah oui, il est joli le pigeonnier ah oui, oui.
— Cinq grandes pièces, terrain de cinq mille mètres carrés et c'est pas très cher, trois cent quatre-vingt mille francs.
— Cinq pièces c'est pas beaucoup.
— C'est peu.
— Et pis y'en a une autre dans le même style là, euh maison de campagne à restaurer, bon c'est à restaurer mais d'un autre côté c'est beaucoup moins cher hein cent vingt mille francs, c'est, c'est donné.
— Ah oui, oui, oui.
— Elle est plus petite celle-là.
— Elle sera pas disponible tout de suite, le temps qu'on fasse les travaux alors...
— Ouais.
— Oui d'accord, mais ça vaut la peine, enfin elle a pas l'air très grande non plus hein sur la photo elle est grande mais ils disent trois pièces cheminée donc c'est peut-être un peu juste.
— Ah oui, un peu.
— C'est un peu juste hein là!
— Euh, ensuite ensuite ensuite, voyons alors dans les Landes là, j'ai trouvé quelque chose, alors dans les Landes c'est une ferme landaise hein c'est tout à fait autre chose euh c'est une euh... genre ferme ancienne, avec des.. comment ça s'appelle des...
— Des colombages.
— Des colombages.
— Des colombages oui, euh quatre mille mètres carrés, quatre chambres, grenier aménageable, donc ça a l'air assez grand, y'a beaucoup de place.
— Ça a l'air plus grand que l'autre là quand même.
— Ah j'aime pas les Landes.
— Et combien? C'est combien?
— Quatre cent mille.
— Quatre cent mille oui.
— Ah oui ça fait cher.
— Moi j'aime pas trop les Landes.
— C'est marqué là-dessus vous voyez là la...
— Ouais.
— Ensuite, euh... ensuite nous passons en Anjou, alors en Anjou euh j'ai retenu quelque chose euh il faudrait voir parce que la photo ne dit pas grand'chose et il en manque la moitié.
— Oh là.
— Mais le texte dit euh... euh cent vingt mètres carrés au sol avec quatre, cinq pièces, etc. et une cheminée monumentale et four à pain.
— Ah!
— Grenier aménageable sur l'ensemble, etc.
— Ça c'est bien.
— Euh donc c'est...
— Mais on voit pas bien sur la photo, c'est peut-être mauvais signe hein!
— Oui et c'est pas très cher deux cent vingt mille francs, c'est ce qui m'avait ce qui m'avait...
— Mais doit y avoir des travaux aussi à ce prix-là hein.
— Ah des travaux.
— Oui, oui, mais enfin y'a de la place et c'est pas cher et y'a du terrain.
— Pays d'Anjou.
— On se rapproche de Paris là alors.
— On a encore la Normandie... la Normandie euh j'ai retenu deux choses en Normandie, y'a une maison normande typique... euh sur terrain cinq mille mètres carrés bordure de ruisseau euh site vallonné avec belle vue, etc.
— C'est tout petit ça.
— Euh trois cent dix-huit mille francs, tu trouves qu'elle est petite?

— Oh oui.
— Oui effectivement on voit, on voit pas très bien et puis ils donnent pas la surface habitable alors il faudrait écrire ou téléphoner.
— Non et puis les maisons normandes généralement c'est petit hein.
— Faudrait écrire, avoir une maquette.
— Par rapport au prix, ça devrait être grand quand même.
— Alors ce que j'ai vu d'autre en Normandie là c'est différent, c'est un château!
— Ouais, ah... un château... un château... voilà, voilà.
— C'est-à-dire euh attention c'est plus cher hein quand même mais... ça a l'air bien, c'est très grand, alors bon, le problème ça serait de trouver l'argent, mais... le... il a, il est... il a une tour, il a enfin il a vraiment l'air d'un château.
— Et il est en bon état?
— Dix-huitième siècle, euh hall d'entrée, cuisine, quatre pièces de réception, premier étage six chambres, cabinet de toilette, etc.
— C'est grand!
— Huit cent cinquante mille francs c'est vraiment pas cher pour le...
— Aïe!
— Pour le, non...
— Pour nous, enfin...
— Mais il est peut-être en mauvais état aussi...
— C'est limite quoi... c'est extrême.
— Mais faut se renseigner, ça.
— Oui, oui, oh ben de toute façon faut se renseigner partout, ... et puis...
— Moi je préfère le château.
— Euh qu'est-ce qu'y avait encore? Euh le... maintenant oui alors, le, le, il reste une chose en Région parisienne parce que j'ai quand même retenu quelque chose qui soit pas très loin de Paris.
— Oui.
— Ça pourrait être pratique.
— Ah c'est peut-être le...
— Paris cent dix kilomètres euh très grande maison euh, etc. sur dix-neuf cent quatre-vingt-cinq mètres carrés très bon état d'ensemble huit très grandes pièces et cuisine.
— Ah!
— Hein, c'est la, la maison de, de Région parisienne, hein vous voyez elle...
— Dans quelle région?
— Elle a l'air jolie en bel euh...
— Hein ça pourrait être pas mal ça.
— C'est à cent dix kilomètres de Paris.
— Et combien elle fait celle-ci?
— Ouais.
— Trois cent soixante-dix mille francs, c'est pas excessif hein alors.
— Oui donc ça serait dans nos prix ça.
— Elle a l'air plus fonctionnelle quand même...
— Mm oui.
— Que les autres.
— Qui ne peut pas laisser indifférent, y'a écrit...

17. COMMENT ÇA MARCHE?

— Allô?
— Allô, c'est Hervé?
— Oui.
— Bon salut c'est Michel ici.
— Ah! salut Michel!
— Dis donc euh... enfin euh... je suis au boulot là et pis j'a, j'ai j'peux pas rentrer ce soir et j'ai un petit problème parce que j'voudrais enregistrer euh le... le film qui va passer ce soir à la télévision.
— Oui.
— Est-ce que tu sais te servir du magnétoscope?
— Euh... ton magnétoscope ben non écoute je je sais vraiment pas m'en servir.
— Ah je vois, écoute, bon je pense que tu devrais y arriver, je vais t'expliquer hein ce qu'il faut faire, hein.
— Oui, bon écoute ben alors, je, je, tu peux attendre un petit moment? J'vais me mettre près du magnétoscope hein.
— OK j'attends.

— Voilà OK.
— Bon. Alors écoute euh y'a un certain nombre de choses à faire, j'vais les prendre dans l'ordre, donc la première chose, c'est, c'est donc euh le, le, le film « La mort aux trousses » de Hitchcock hein, ça commence dans dix minutes là hein.
— Oh dans dix minutes ouais.
— Alors tu allumes le téléviseur.
— Euh oui d'accord.
— Alors euh donc euh pour allumer c'est le bouton euh en bas là hein du poste.
— A droite?
— Oui oui.
— D'accord.
— Bon. Après tu euh mets la deuxième chaîne toujours sur le poste télé.
— Oui.
— Hein donc c'est le deuxième bouton là en haut à droite du poste.
— Ici d'accord, deuxième, d'accord.
— Bon, deuxième chaîne, après tu t'occupes du magnétoscope.
— Bon.
— Alors à gauche du magnétoscope y'a trois boutons les uns au-dessous des autres, tu vois les trois petits boutons à gauche?
— Euh... à gauche ah oui d'accord.
— Et tu vas appuyer sur celui du haut, pour euh donc euh allumer le magnétoscope.
— Bon.
— Donc y'a une petite lumière verte qui va s'allumer là.
— Voilà d'accord elle s'est allumée.
— Bon alors le magnétoscope est donc est euh... est en route là.
— Bien, alors tu vas maintenant mettre une cassette dedans.
— Alors...
— Écoute y doit en avoir une euh... juste à côté là que j'ai préparée.
— Euh oui je la vois ouais.
— Tu la vois, alors tu la sors de euh oui... donc tu vas appuyer pour euh pour euh ouvrir le, le, le magnétoscope.
— Oui.
— Tu vas appuyer sur la touche eject.
— Alors...
— Qui est alors, attends, sur la, tu vois y'a une rangée de touches euh sur le devant, sur le dessus de l'appareil là.
— Euh oui d'accord.
— Donc tu vas appuyer euh sur la première de ces touches à gauche.
— Oui, y'a marqué eject.
— Eject voilà.
— D'accord.
— Donc le compartiment s'ouvre.
— Euh oui il s'ouvre.
— D'accord. Bon alors tu mets la cassette dedans.
— Oui.
— Dans le sens de la flèche là.
— Dans oui.
— Tu ap... et puis ensuite pour euh.
— D'accord.
— Tu fermes en pressant le compartiment vers le bas donc ça va s'enfoncer dedans et la cassette est dans l'appareil. Ça marche?
— J'appuie sur le haut de la porte là.
— Ouais vers le bas.
— Ouais d'accord ça marche.
— Ça y est, c'est dedans?
— C'est dedans.
— Bon alors après euh... il faut que tu mettes la deuxième chaîne sur le magnétoscope.
— Alors sur le magnétoscope, euh c'est où ça?
— Alors euh attends, tu vois, y'a un clavier de, de douze touches, euh une série de douze touches tout-à-fait à droite de l'appareil sur le devant.
— Euh sur le de... ah oui! D'accord je vois.
— Bon alors, pour mettre la deuxième chaîne tu appuies sur la deuxième.
— Sur le deux.
— Deuxième touche du clavier.
— Ah oui!
— Hein? Donc euh... voilà.
— Et ça s'allume là.
— Et y'a un petit deux qui doit apparaître dans la fenêtre là hein?
— Voilà, oui, oui, d'accord.
— Tu l'as? Bon. Bon et puis alors quand le film va commencer là dans dans cinq minutes, tu euh appuies sur la touche enregistrement.
— Alors la touche enregistrement.

— Attends, tu dois la voir, elle est sur le dessus de l'appareil là, la rangée de touches qui est au-dessus, c'est la deuxième touche à partir de la droite.
— Alors un, deux, ah oui d'accord.
— Hein tu vois là y'a un petit cadre noir autour.
— Oui d'accord.
— Alors t'appuies dessus.
— Et j'appuie dessus là tout de suite?
— Ouais dans cinq minutes tu appuieras hein.
— Oh donc quand le film commence.
— Juste avant que le film commence.
— Je d'accord, j'appuie dessus, et donc ça met en route.
— Et puis alors normalement, donc tu vas pouvoir suivre le, le film.
— Oui.
— Pendant que tu enregistreras là tout à l'heure. Ça t'intéresse de le regarder?
— Oh ben oui, je vais le regarder bien sûr.
— Bon. OK. Alors c'est plus facile parce que quand le film sera fini...
— Ouais.
— Donc tout à fait à la fin, il faudra tout éteindre. Alors pour... tu éteins le magnétoscope, alors tu ap... tu appuies d'abord sur la touche stop du magnétoscope.
— Euh stop qui se trouve euh...
— Alors dans la rangée de touches qui est au-dessus, c'est la, ça doit être la troisième à partir de la gauche, y'a un petit carré noir en-dessous.
— Euh oui je vois, stop, d'accord.
— Juste au milieu là.
— Donc j'appuierai là-dessus.
— T'appuies là-dessus, ça, ça arrête l'enregistrement.
— Oui.
— Et puis tu éteins le magnétoscope.
— Et j'éteins le magnétoscope sur le même bouton que là où j'ai allumé?
— Voilà c'est ça, non non et tu sais, bon c'est les trois petits boutons à gauche là.
— Ah oui.
— Tu dois tu dois appuyer non pas sur celui du haut mais sur celui du milieu cette fois.
— Ah oui d'accord celui du milieu.
— Normalement ça éteint la petite lumière verte.
— Je vois, d'accord.
— OK, tu feras ça?
— Eh ben je ferai tout ça.
— Bon t'arriveras?
— Ah ben écoute oui, je crois que j'ai tout bien compris là.
— Oh c'est pas trop compliqué hein.
— D'accord.
— Bon ben écoute alors bonne soirée et puis à tout à l'heure hein. Je sais pas à quelle heure euh.
— Eh bien merci toi aussi.
— Je sais pas à quelle heure je vais pouvoir rentrer hein.
— D'accord.
— Bon ben, bye bye, au revoir.
— Salut.

18. ITINÉRAIRES

Itinéraire 1
— Oui alors, il faut que vous passiez comme ça là, vous allez prendre l'avenue, l'avenue qui remonte et puis au premier feu sur la droite, vous allez continuer cette avenue, vous arriverez à un petit jardin, vous continuerez toujours sur votre droite alors et puis la Fac de Lettres elle est tout de suite à gauche après.
— Après le jardin?
— C'est ça, après le jardin.
— Bon d'accord.
— C'est la place, attendez, je crois, elle s'appelle euh, euh rue Godefroy-de-Bouillon oui, et puis la Fac de Lettres elle est à une cinquantaine de mètres sur la gauche.
— Sur la gauche alors hein.
— Oui c'est reconnaissable, c'est c'est un bâtiment assez euh enfin oui c'est reconnaissable hein.
— Bon d'accord, merci madame.
— Je vous en prie, au revoir!
— Merci beaucoup.

Itinéraire 2
— Faut que vous preniez la grande rue qui descend là. Voyez depuis le là, depuis là, vous contournez le grand magasin.
— Oui.
— Vous allez trouver une place avec un... enfin le jet d'eau il doit pas marcher m'enfin une petite place, vous descendez la rue Saint-Jean.
— Je prends à gauche alors, je contourne le magasin, et c'est à gauche.
— Oui c'est ça, vous contournez le magasin et puis vous, vous continuez tout droit après la place.
— Oui.
— Dans la rue Saint-Jean, et et puis la rue des Dominicains elle est au moins trois, quatre... au moins quatre rues plus loin à gauche hein.
— A gauche?
— Oui, vous la prendrez sur la gauche dans cette rue Saint-Jean, mais alors, au moins attendez y'a la rue de la Visitation, la rue Saint-Dizier, ça doit être la troisième ou la quatrième au moins.
— Vous croyez que je peux y aller à pied?
— Oh oui, ben oui, j'y vais moi-même.

Itinéraire 3
— Alors vous prenez tout droit.
— C'est très loin du...
— Oh un bon quart d'heure.
— Oui.
— Ensuite vous vous dirigez vers l'église du Sacré-Cœur qu'on voit euh quand même assez bien.
— Ah là-bas oui.
— Si vous êtes en voiture euh vous prenez tout droit.
— On est à pied,
— Ah vous êtes à pied. Alors dans ce cas, vous allez passer au-delà du cimetière de Préville.
— Ça se trouve où?
— Euh il est au bout de cette rue là-bas.
— Très bien oui.
— Ensuite euh vous continuerez euh avenue Anatole-France.
— Oui.
— Euh vous traversez tout droit, euh et puis après euh la une deux trois euh non ça doit être la première ou alors ça fait la la deux vous prendrez la deuxième sur votre gauche.
— La deuxième à gauche.
— Voilà et vous tombez sur le Clos de Médreville.
— Oui très bien.
— Bon alors vous continuez hein vous passez donc devant le cimetière.
— Oui le cimetière.
— Devant la poste de la rue Anatole-France.
— Oui.
— Et une fois que vous passez, que vous avez passé le carrefour de la poste vous verrez bien, vous verrez les PTT, à ce moment-là c'est la deuxième à votre gauche.
— Très bien.
— Voilà et vous trouverez euh le Clos de Médreville, enfin à pied c'est facile.
— Merci beaucoup.
— De rien.

19.
RADIO-MESSAGES

1. Je vends une Fiat 131 Break Diesel cylindrée deux L quinze. C'est un modèle quatre-vingt-trois. Elle a soixante-dix-huit mille kilomètres, sa couleur est blanche, elle est en excellent état et elle a toutes les options, c'est-à-dire les vitres teintées électriques, la direction assistée, la fermeture électromagnétique des portes. D'une part, elle a toujours été bien entretenue, puisque c'était mon véhicule de travail. Le prix argus est de trente-six mille francs, et c'est un prix qui est, qui est à débattre éventuellement. Veuillez me contacter au 341.78.24. Je répète 341.78.24. Merci.

2. Pour vendre, acheter, échanger, rencontrer ou tout simplement pour dire quelque chose, comme ça, 398.20.00 (deux mille) 398.20.00 (vingt zéro zéro). C'est un répondeur, il veille pour vous vingt-quatre heures sur vingt-quatre.

3. Nous passons un message parce que nous recherchons une personne aimant les enfants avant tout, disponible la semaine pour garder une petite fille de treize mois et

demi, qui est affectueuse, et qui aime beaucoup jouer. Si cette personne avait un jardin, ce serait très bien, mais de préférence pas de gros animaux, style berger allemand. Euh bon le quartier qui nous intéresse c'est Nancy-la-Garenne, Jeanne-d'Arc, Jean-Jaurès mais... on peut considérer toute offre. La période de début de garde est à préciser mais en principe elle devrait se situer fin octobre, début novembre. Pour nous contacter vous pouvez composer le 326.65.51. Merci.

4. Bonjour, je dois me rendre à Paris le mercredi quatorze novembre et je cherche une personne qui effectue le trajet Nancy-Paris ce jour-là et qui disposerait d'une place dans sa voiture. Bien entendu, je participe aux frais d'essence. Je peux partir euh... ce mercredi quatorze novembre à n'importe quelle heure de la journée. J'attends vos réponses au 314.28.64. 314.28.64. Merci.

5. Homme 34 ans, divorcé, doux, ouvert à toutes propo... toutes propositions, aimant les bonnes choses de la vie, cherche affection et relation durable avec jeune fille ou jeune femme de vingt-cinq à trente-cinq ans. Me joindre au téléphone au 384.12.91. Je répète au 344.12.91.

6. Alors, madame, mademoiselle, je vous rappelle ce numéro le 384.12.91. Notre numéro à nous le 398.20.00 (deux mille) pour les radio-messages. Pour autre chose bien sûr, pour le standard de la maison, vous le savez c'est le 388.12.13.

7. Salut, j'ai un studio à louer à Malzéville euh... c'est au calme, soleil, tout ça, enfin les petits oiseaux et tout... euh... vous pouvez me téléphoner au 360.23.62, en principe je suis là. Voilà... Ah! Le prix? Oh! C'est pas cher hein... (rire). Au revoir.

8. Bonjour, j'ai vingt ans et je recherche tout genre de travail. Accepte toute proposition. Pour tous renseignements, téléphoner au 346.84.57. Je répète 346.84.57. Je vous remercie d'avance. Au revoir.

9. Bonjour je vends lit plus euh... enfin, c'est-à-dire un sommier plus matelas six cents francs en bon état, une machine à laver euh... mini linge CALOR ITT OCÉANIC quatre cent cinquante francs. Téléphoner au 341.17.35. Au revoir.

20.
AU RÉGIME

— Alors docteur?
— Eh bien il devient important maintenant que vous maigrissiez.
— Oui.
— Il va falloir suivre un régime.
— Ah bon?
— Oui, alors je vais déjà vous indiquer toutes, tous les produits qui ne seront, qui seront à supprimer, c'est-à-dire que... euh le pain.
— Le pain.
— Oui, plus de pain.
— Plus de pain du tout?
— Non. Et puis... après vous avez les féculents aussi, qui sont à supprimer, euh les pâtes, le riz euh et puis les légumes secs.
— Mais alors euh je peux pas manger de pain, je peux pas manger de pâtes ni de riz mais qu'est-ce que je mange docteur?
— Attendez, attendez, vous... y'a des tas de choses à manger.
— Parce que j'aime bien j'aime bien tout ça euh je enfin j'en mange tous les jours.
— Eh bien vous... changerez vos habitudes, c'est pas grave ça. Alors je disais, les pâtes, le riz, les légumes secs euh dont les lentilles, les pois chiches, les haricots secs, euh enfin toutes ces choses-là. Alors ensuite y'a les sucres, alors les sucres ça c'est très très mauvais pour vous hein, alors les sucres euh qu'est-ce qu'on peut dire euh les boissons sucrées : soda, limonade.
— Oui ça, ça me prive pas ça.
— Bon ben c'est bien. Les glaces aussi, les sorbets.
— Plus de desserts?
— Mais si vous pouvez encore avoir des desserts mais là pas de glaces, pas de sorbets, le chocolat, alors là le chocolat c'est très très mauvais aussi pour vous et bien sûr les pâtisseries.
— Ah je peux pas manger de confiseries, de, de.
— Non, vous ferez un effort, c'est pas, c'est pas difficile. Ensuite les corps gras alors les corps gras, qu'est-ce que je pourrais vous indiquer, les, le beurre cuit.
— Je peux mettre du, du beurre, mais euh je peux pas le cuire.
— Non, jamais, de toute façon le beurre cuit c'est très mauvais. Les sauces, la viande en sauce, euh les légumes en sauce, euh toutes ces choses-là.

— Oh je fais plus de cuisine?
— Si rassurez-vous, rassurez-vous. La friture aussi, les frites, les poissons frits, les beignets, euh tout ce qui est à base de friture c'est à, à supprimer.
— Pas de frites, pas de...
— Voilà! Mais c'est vous avez des tas de choses à à manger là, je vais vous en indiquer quelques-unes : la viande, vous pouvez manger de la viande mais de la viande grillée.
— Ah bon.
— Sans sans graisse.
— Saignant je je peux?
— Oui, du bœuf, vous pouvez faire du... griller du bœuf, du veau mais pas de porc.
— Ah bon! Et je peux pas manger de choucroute par exemple?
— Ah non, non, pas de choucroute, allons! Non, non, non, pas de choucroute, pas de viande c'est de la viande en sauce la choucroute, c'est à base de vin, c'est c'est très mauvais tout ça. Euh les poissons vous pouvez manger tous les poissons que vous voulez, mais cuits à l'eau hein.
— Cuits à l'eau?
— Cuits à l'eau. Vous pouvez manger des légumes verts, légumes verts, vous avez des haricots verts, vous avez la salade, vous avez les crudités, des vous avez des tas tas de crudités que vous pouvez vous faire.
— Mais oui mais les crudités, c'est pas très nourrissant.
— Si, détrompez-vous les crudités c'est très très bon. Dessert, ben vous pouvez manger les fruits frais.
— Oui.
— Sans abuser sur la banane. Des pommes, des oranges, des mandarines à toutes les époques vous avez des fruits maintenant.
— Mm.
— Les boissons ben euh la boisson conseillée c'est l'eau.
— Ah bon.
— Oui, et si vraiment c'est trop trop dur pour vous vous pouvez mettre une petite goutte de vin euh pour euh donner un peu de goût mais une petite goutte.
— Et je peux pas boire de vin euh un un un verre de vin comme ça à chaque repas.
— Ah non non. Vous vous mettez une petite goutte dans un verre d'eau c'est très bien. Et vous a... vous allez vous habituer, rassurez-vous. Et puis le fromage ben le fromage euh faut prendre des fromages euh maigres, des fromages à quarante pour cent, des fromages de régime euh.
— Du camembert, c'est possible?
— Camembert euh évitez-le, prenez des fromages euh secs.
— Fromage blanc?
— Fromage blanc par exemple oui, du yaourt, vous avez des tas de fromages comme ça.
— Ah oui.
— Voilà.
— Et je mets du sucre dans le dans le yaourt? non?
— Préférable que non, non pas de sucre, mais vous allez vous habituer à tout ça hein, les les choses sans sucre, les choses peu salées, vous allez vous habituer à tout ça.
— Ben, bien, je vous remercie docteur.

21. RENDEZ-VOUS SUR MA TOMBE

Un jeune journaliste en reportage, Julien Martel, fait la connaissance d'une jolie auto-stoppeuse qu'il conduit à l'entrée de Villefranche. Elle dit s'appeler Laura Forestier. A l'Hôtel du Roi où il a pris pension, Julien apprend de la bouche de sa logeuse qu'il est fort peu probable que son auto-stoppeuse ait été Laura Forestier : elle est morte il y a six semaines.

« *Rendez-vous sur ma tombe*. Un feuilleton radiophonique de la collection du Masque. »

Extrait 4
— Et voilà la pluie! Tout pour plaire, ce pays. Tiens un stoppeur! Qu'est-ce qu'il fait là en rase campagne? Ah non, une stoppeuse... Montez vite, je suis en plein virage.
— Merci. Vous allez vers Villefranche, monsieur?
— Oui.

Extrait 7
— Je suis trempée comme une soupe, si vous voulez bien vous me laisserez à l'entrée de la ville avant de prendre la bretelle vers le sud.
— Je m'arrête dans Villefranche, je vous déposerai où vous voulez.
— Vous êtes en vacances? Vous avez entendu parler de nos célèbres plages? Villefranche-sur-Creuse, le Copacabana du Massif central!
— C'est ça c'est ça et ses cocotiers. Non, je suis venu faire un reportage. Je suis journaliste, c'est pour votre nouveau Centre de Loisirs.

— Ah oui le Forum de Villefranche. Les vieux du pays l'appellent la bouse blanche à cause de sa forme, mais ce n'est pas mon centre.
— Ah bon ? J'avais compris que vous viviez ici !

Extrait 1
— Non, je ne vis pas ici. Vous y êtes bientôt. Vous pouvez me laisser près du panneau là-bas ?
— Vous êtes sûre ? Ça m'ennuie pas du tout de vous accompagner, il fait un temps à pas mettre un chien dehors.
— Je ne suis pas un chien. C'est là, merci beaucoup.
— Pas de quoi.
— Oh monsieur, un instant. Si vous ne connaissez pas la ville, je vous recommande l'Hôtel du Roi. Il est vieux mais confortable, et la patronne est complètement piquée mais gentille. Elle vous en parlera du Centre. Vous lui direz que c'est Laura Forestier qui vous envoie.

Extrait 5
— Piquée ? Et elle alors ? Jolie mais un peu bizarre, quand même. Bon. Centre ville. Mairie. Ça doit être par là. Oh là là et cette maudite pluie qui n'arrête pas !
— Y'a quelqu'un ?
— monsieur ce n'est pas la peine de crier.
— Ah excusez-moi je ne vous avais pas vue !
— C'est à quel sujet Monsieur ?
— Je voudrais une chambre.

Extrait 8
— Vous avez réservé à quel nom ?
— J'ai pas réservé, je pensais pas que c'était nécessaire.
— Vous ne pensiez pas, vous ne pensiez pas. C'est que la chambre du Roi est occupée par un couple de Louvain.
— Ah ben je me contenterai de celle de la reine. Elle est libre ?

Extrait 2
— Il n'y a pas de chambre de la Reine. Évidemment je pourrais vous mettre dans la suite mexicaine.
— Va pour la suite mexicaine.
— Vous venez de Paris ?
— Oui.
— Le voyage est long et épuisant. Vous rendez-vous compte qu'au dix-septième siècle il fallait huit jours pour arriver ?
— Non, je savais pas.
— Et maintenant, même pas un jour et demi.
— Six heures vous voulez dire il y a l'autoroute.
— Même pas un jour et demi, et bientôt des fusées... A propos, combien de temps restez-vous ?

Extrait 6
— Deux ou trois jours au plus.
— Je ne loue ma suite mexicaine qu'à la semaine.
— Ah euh on m'a recommandé votre hôtel comme le meilleur de la ville.
— Eh oui, c'est pour cela que je suis difficile. Qui vous a recommandé ?
— Une jeune fille, blonde, elle s'appelle Laura euh Laura Forestier.
— Vous connaissiez la petite Laura ? Comme c'est curieux. J'aimais beaucoup sa grand-mère, une femme remarquable. Elle vous a dit que mon hôtel...

Extrait 10
— ... est le meilleur.
— Pauvre enfant. Quelle tristesse ! Vous l'avez rencontrée à Paris ?

Extrait 3
— Non à vrai dire je l'ai prise en stop sous la pluie, elle m'a demandé de la déposer à l'entrée de la ville.
— Quand cela ?
— Y'a dix minutes.
— Et elle est revenue spécialement pour vous dire cela ?

Extrait 9
— Oh je pense tout de même pas qu'elle soit venue juste pour ça, hein ! elle avait peut-être autre chose à faire en ville.
— J'en doute monsieur. Voyez-vous, Laura Forestier est morte dans un accident de voiture, voici six semaines, au virage de là-haut, à cinq kilomètres au nord de la ville.

« A suivre. C'était le premier épisode de *Rendez-vous sur ma tombe,* un feuilleton radiophonique de la collection du Masque, par Alexandre Thérel, avec aujourd'hui, dans le rôle de la baronne : Alice Sapritch ; Julien : André Dussolier, et Laura : Élisabeth Bourgine. Au revoir. »

CORRIGÉS

1.
CETTE SEMAINE À LA TÉLÉ

	lundi 21 nov.	mardi 22 nov.	mercredi 23 nov.	jeudi 24 nov.	vendredi 25 nov.	samedi 26 nov.	dimanche 27 nov.
heure	20 h 35	20 h 40	21 h 35	21 h 30	22 h 05	22 h 05	21 h 40
émission	C	F	B	I	G	D	H

2.
VOYAGE EN TRAIN

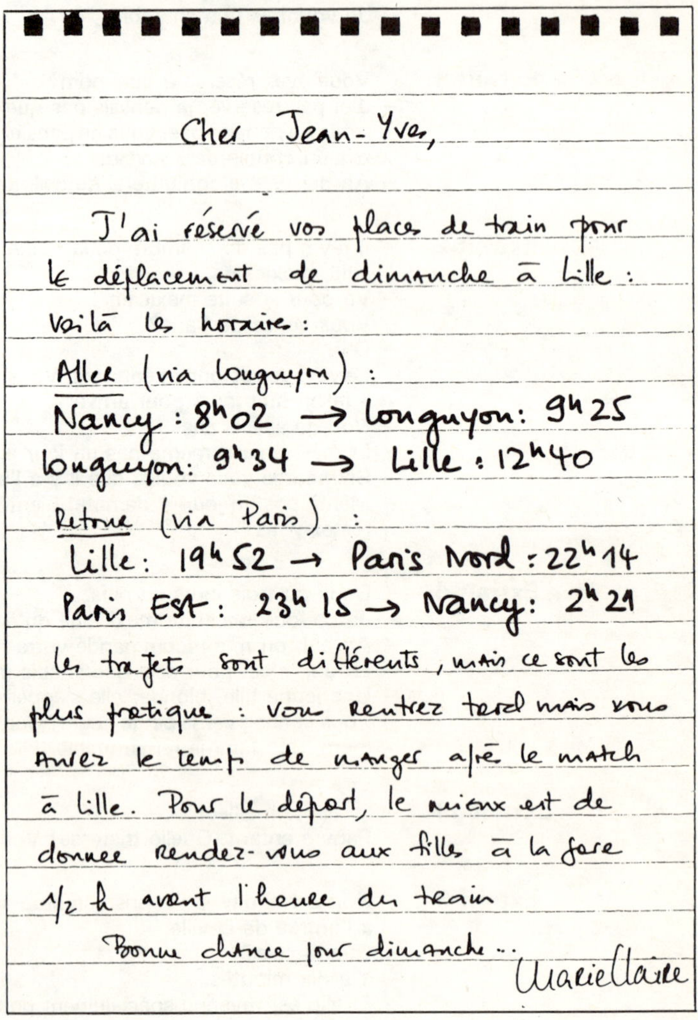

Cher Jean-Yves,

J'ai réservé vos places de train pour le déplacement de dimanche à Lille. Voilà les horaires :

Aller (via Longuyon) :
Nancy : 8h02 → Longuyon : 9h25
Longuyon : 9h34 → Lille : 12h40

Retour (via Paris) :
Lille : 19h52 → Paris Nord : 22h14
Paris Est : 23h15 → Nancy : 2h21

Les trajets sont différents, mais ce sont les plus pratiques : vous rentrez tard mais vous aurez le temps de manger après le match à Lille. Pour le départ, le mieux est de donner rendez-vous aux filles à la gare 1/2 h avant l'heure du train.

Bonne chance pour dimanche...

Marie-Claire

Photo 2

3.
OÙ SUIS-JE ?

4.
LES AVENTURES DE GÉRARD LAMBERT

extrait	3	5	1	6	4	2
dessin	1	2-3	4-5-6	7-8	9-10	11

5.
ALLÔ... ALLÔ?

Attendre : 4, 8 et 12.
Raccrocher et rappeler plus tard : 3, 6 et 11.
Re-composer le numéro : 10.
Vérifier le numéro : 1, 14 et 16.
Abandonner : 2, 7, 9 et 15.
Demander l'opératrice : 13.
Raccrocher : 5.

6.
FAITS DIVERS

Extrait 1 (FRIC-FRAC) : dessins 2 et 6.
Extrait 2 (FRUITS ET LÉGUMES) : dessins 3 et 10.
Extrait 3 (TOUR DE FRANCE) : dessins 4 et 7.
Extrait 4 (SOUCOUPE VOLANTE) : dessins 5 et 9.
Extrait 5 (TOUR EIFFEL) : dessins 1 et 8.

7.
QU'EST-CE QU'ON MANGE?

8. AU CINÉMA CE SOIR...

Vous pouvez aller voir *Erendira*, *Androïde* ou *A nos amours*.

9. CHANGEMENT DE PROGRAMME

> **Groupe de Recherches sur l'Apprentissage des Langues Vivantes**
>
> **DEUXIÈME COLLOQUE NATIONAL**
>
> APPRENTISSAGE D'UNE LANGUE ÉTRANGÈRE : PERSPECTIVES DE RECHERCHES
>
> ### PROGRAMME
>
> Note : le nom des rapporteurs est indiqué entre parenthèses.
>
> **VENDREDI 10 MAI** — 9 heures : accueil Amphi B
>
> | | ATELIER 1
Salle F.275 | ATELIER 2
Salle F.288 | ATELIER 3
Salle H.301 |
> |---|---|---|---|
> | 10 heures | C. COUDERT
(M. DELEULE) | G. GUILLAUMET
(D. DARDAINE) | C. CUSSAC
(M. PETIT) |
> | 14 h 30 | F. CARRÉ
(J. PANIGHINI) | M. DERELLE
(R. GIORGI) | J.-L. MOREL
(C. BLAIN) |
> | 18 h 30 | « Pot » Salle 138 (rez-de-chaussée) | | |
>
> *Annotations manuscrites : arrêt à 12h30*
>
> **SAMEDI 11 MAI**
>
> | | ATELIER 1
Salle F.275 → 245 | ATELIER 2
Salle F.228 → 288 | ATELIER 3
Salle H.301 |
> |---|---|---|---|
> | 10 heures | D. MOINY
(F. CARRÉ) | J.-M. BRUN-BELLUT
(P. LACOMBE) | M. COLLIN
A. VADEL
(P. SAUNIER) |
> | 14 h 30 | A. THIERRY
(B. COLLET) | A. POPLIN
(P. MOUGENOT) | B. HOUZELSTEIN
B. LAPORTE
(M. PETIT) |
>
> *Annotation manuscrite : 9 heures : RÉUNION DES RAPPORTEURS EN SALLE 275*
>
> **DIMANCHE 12 MAI** — Amphi B
>
> 10 heures : SYNTHÈSE DES TRAVAUX
> Président de Séance : R. FARELLO

10. CROISIÈRE

Ordre de présentation : 2e, 3e, 1re.
Pour le client : 1re citée.

11. MÉTÉO

Bulletin n° 4.

12.
À LA FAC

13.
PUBS

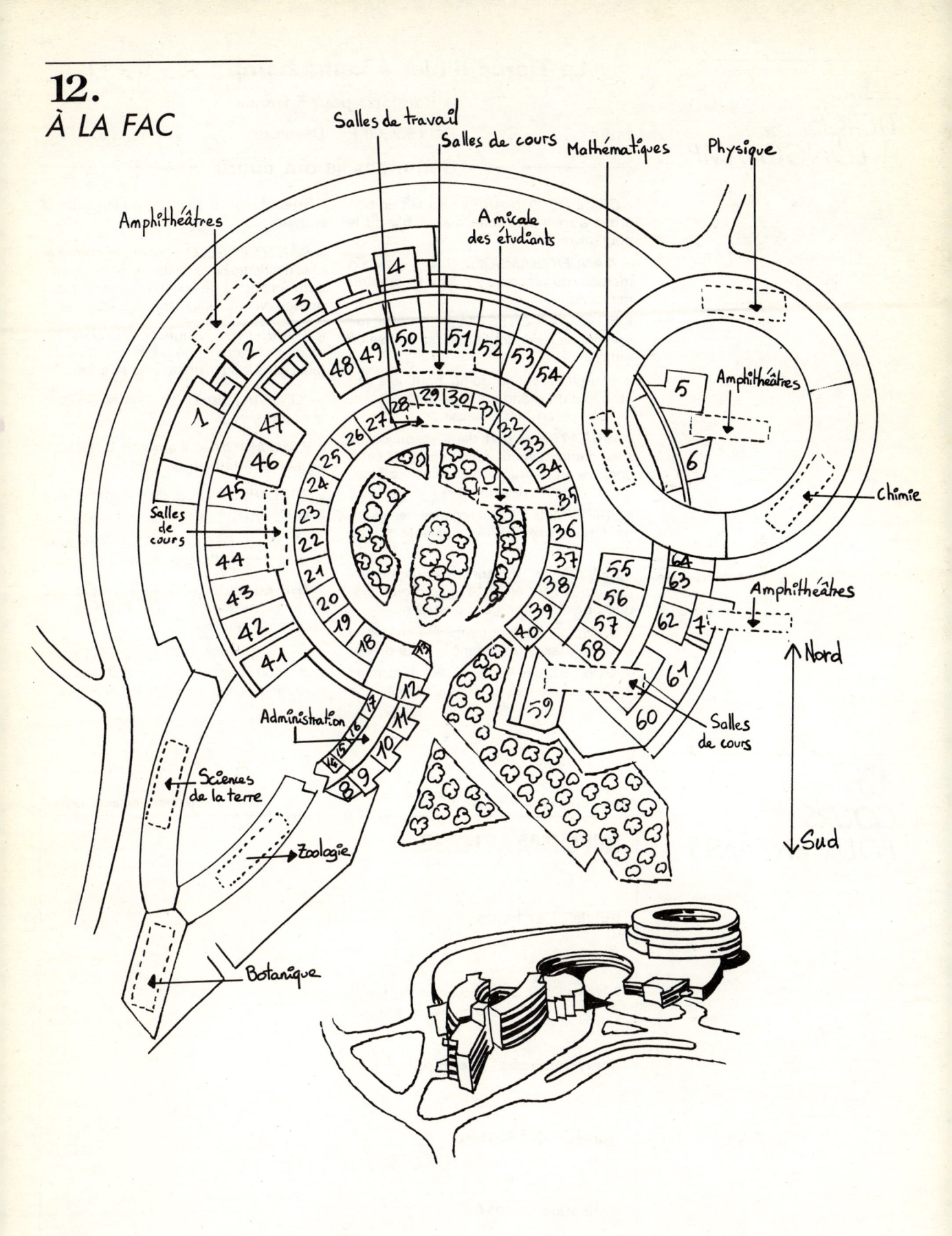

Classement possible :
Peugeot-Talbot (n° 1) et Citroën BX (n° 8) : automobiles.
Altor vitres (n° 2) et Monsieur Propre (n° 3) : produits de nettoyage.
Maison Individuelle (n° 4) et *Nouvel Observateur* (n° 7) : magazines.
Chamois d'Or (n° 6) et En-cas Knorr (n° 5) : nourriture.

14. TIERCÉ À LONGCHAMP

Le Tiercé d'hier à Longchamp : 18 - 9 - 11

Rapports pour 5 francs

Ordre .... 13 964,00 F   Désordre .... 2 011,50 F

― **Comment ils ont couru** ―

« *COME AS YOU ARE* » : il a fait un bon effort à mi-ligne droite mais il n'a pu le poursuivre.

« *DANCER BAMBOLINO* » : à aucun moment du parcours il n'a pu se montrer menaçant.

« *BOHEMIAN CRYSTAL* » : il a effectué une bonne ligne droite pour sa course de rentrée.

« *EUCLION* » : jusqu'au bout il a fait preuve d'un grand courage pour essayer de s'emparer d'un accessit.

« *MIGRATOR* » : parti dernier, son jockey s'est complètement désintéressé de cette épreuve, et pourtant ce cheval faisait partie des favoris des turfistes.

« *SON OF LAKE* » : il a regagné beaucoup de terrain grâce à une brillante fin de course.

« *KEN DAN* » : il s'annonçait dangereux peu après l'entrée de la ligne droite lorsque brusquement il a « *craqué* ».

« *ORDIC* » : il a longtemps été en bonne position mais a faibli dans la ligne droite.

« *SOIE BLANCHE* » : elle a terminé extrêmement fort après une sage course d'attente mais n'a jamais pu inquiéter la lauréate.

« *SANTO ANGELO* » : c'est le cheval le plus malheureux de ce tiercé. Sans un incident à l'entrée de la ligne droite, il aurait probablement remporté cette épreuve.

« *SPARKLING* » : longtemps parmi les dernières, elle a regagné un terrain considérable dans la ligne droite pour se classer 3e.

« *PLEASANT WAY* » : n'a jamais été dans le coup.

« *BEAU MALIN* » : il a trouvé la distance un peu courte pour son aptitude.

« *GOTTARDO* » : le lot qu'il affrontait était trop élevé pour lui.

« *LÉONARD DES CHAMPS* » : il a assuré le train jusqu'à l'entrée de la ligne droite.

« *THE ACCOUNTANT* » : il n'a pas mal terminé après avoir pratiqué une longue course d'attente.

« *LA VALÉRIENNE* » : elle a pris l'avantage à 400 m de l'arrivée et ensuite a résisté courageusement à toutes les attaques.

Fiche possible :

15. COURS POUR ENFANTS

Centre Culturel Albert-Camus   Activités enfants 1985/86

INFORMATIQUE

<u>Public</u> : enfants

<u>Niveaux</u> : – 1 groupe débutants
              – 1 groupe avancés

<u>Jour/Horaires</u> : mercredi 4h/6h

<u>Durée</u> : 1 trimestre

<u>Cotisation</u> : 100 F

<u>Remarques</u> : – commence en janvier
                  – inscriptions à partir du 15 décembre

16.
MAISONS À VENDRE

Ordre de présentation des photos : 7, 1, 6, 2, 4, 3, 5.

17.
COMMENT ÇA MARCHE?

Ordre des opérations : D, E, H, B, I, J, A, F, C, G.

18.
ITINÉRAIRES

Le premier passant indique le chemin pour aller à la Fac de Lettres (Faculté des Lettres), le deuxième indique la rue des Dominicains, le troisième le Clos de Médreville (immeuble d'habitation).

77

19.
RADIO-MESSAGES

Radio-message n° 1 : annonce 1.
Radio-message n° 2 : aucune annonce (animateur radio).
Radio-message n° 3 : annonces 5 et 8.
Radio-message n° 4 : aucune annonce.
Radio-message n° 5 : annonce 4.
Radio-message n° 6 : aucune annonce (animateur radio).
Radio-message n° 7 : annonce 6.
Radio-message n° 8 : annonces 3 et 9.
Radio-message n° 9 : aucune annonce (l'annonce 2 est du même type).
Il n'y a pas de radio-message correspondant à l'annonce 7.

20.
AU RÉGIME

Vous pouvez choisir dans :
le menu touristique :

– Crudités de saison.
– Filet de poisson grillé/haricots verts.
– Un fromage.
– Un fruit frais.

le menu gastronomique :

– Truite saumonée.
– Côte de bœuf grillée/haricots verts.
– Salade.
– Un fromage.
– Salade de fruits frais.

21.
RENDEZ-VOUS SUR MA TOMBE

Ordre des extraits : 4, 7, 1, 5, 8, 2, 6, 10, 3, 9.

TABLE DES TEXTES ET ILLUSTRATIONS

Couverture : C. Stefan/Edimedia ; S. Fournier/Rapho ; Dailloux/Rapho ; Niepce-Rapho.

P. 8 : Sélections TV *Télérama* ; photo Ballet Béjart de Jean Guyaux. P. 9 : *Est Républicain*, 13 avril 1984 et 9 mai 1984 ; publicité Canal Plus. P. 10 et p. 11 : SNCF et Havas-Conseil pour la SNCF. P. 13 : *Murs, murs*, n° 4, mai 1985. P. 14 : Bande dessinée de Jean-Louis Goussé. P. 15 : Guy Le Querrec, Salgado Jr., J.K./Magnum. P. 16 et p. 17 : Documents Télécom. P. 18 : Dessins de Jean-Louis Goussé. P. 19 : © Pierre Ajame / *Femme Pratique*, n° 258, février 1985. P. 21 : Reiser, dessin extrait de *Vive les femmes*, © Jean-Marc Reiser et Éditions Albin Michel. P. 22 : *Androïde* : affichette Cinémagence ; *Le marginal*, *Jamais plus jamais* : *Première*, n° 55. P. 23 : *Le Matin de Paris*, 22 novembre 1984, © *Le Matin de Paris* ; *Première*. P. 25 : 1985, Congrès prévus à Paris, Office de Tourisme de Paris, Comité parisien des Congrès ; photo A. de Andrade/Magnum. P. 26 : carte (départs de Venise) d'Anne-Marie Vierge. P. 27 : *La Polynésie française*, coll. « Des Pays et des Hommes », n° 111, © Larousse ; « Randonnées », article paru dans le *Nouveau Guide Gault-Millau*, n° 193, mai 1985 ; *La Felouque*, catalogue Nouvelles Frontières été/automne 1985, p. 196, photo Alain Mc Kenzie. P. 28 : Dessin de Jean-Louis Goussé. P. 29 : Snark International/Edimedia ; René Burri/Magnum ; *Nice-Matin*. P. 30 : Dessin de Jean-Louis Goussé. P. 31 : Étudiants à Nancy 1985, David Hurn/Magnum. P. 32 : BVP. P. 33 : Comité Régional de Tourisme du Limousin. P. 34 : *Est Républicain*, 14 avril 1985 (supplément). P. 35 : R. Simon/*Paris-Turf* ; Philippe Drevet/*Tiercé Magazine*. P. 37 : © Catherine Lelièvre/*Femme Pratique*, n° 262, juin 1985 ; Monique Manceau/Rapho. P. 38 : Dessins de Neil Wilson d'après l'*Indicateur immobilier*, n° 330, février 1984. P. 39 : Claire Bretécher, © *Le Nouvel Observateur*. P. 40 : Dessins de Jean-Louis Goussé d'après l'*Ordinateur Individuel*, n° 55, avril 1984. P. 41 : Publicité Kodak. P. 42 : Dessin de Jean-Louis Goussé. P. 43 : Ciccione/Rapho ; Charuat/Rapho. P. 45 : *Télérama*, n°s 1839 et 1846 ; dessins de Jean-Louis Goussé P. 47 : Bande dessinée de Jean-Louis Goussé. P. 48 : Couverture du roman d'Alexandre Terrel, *Rendez-vous sur ma tombe*, Éditions Le Masque, 1983. P. 49 : *Guide du routard*, édition 1985, Hachette.

Nous avons recherché en vain les éditeurs ou les ayants droits de certains textes ou illustrations reproduits dans ce livre. Leurs droits sont réservés aux Éditions Didier.

Imprimerie Jean-Lamour, 54320 Maxéville
Dépôt légal : août 1991